法律工作手册

——中华人民共和国最新法律法规规章及司法解释

（2019 年第 1 辑）

中国民主法制出版社

图书在版编目（CIP）数据

法律工作手册．2019 年/《法律工作手册》编写组编写．－－北京：中国民主法制出版社，2019.1

ISBN 978－7－5162－1970－6

Ⅰ．①法… Ⅱ．①法… Ⅲ．①法律－汇编－中国－2019②法律解释－汇编－中国－2019 Ⅳ．①D920．9

中国版本图书馆 CIP 数据核字（2019）第 006695 号

书名/法律工作手册

出版·发行/中国民主法制出版社
地址/北京市丰台区玉林里 7 号（100069）
电话/（010）63292534（发行部） （010）63055259（总编室）
传真/（010）63056975 （010）63292513
经销/新华书店
开本/32 开 850 毫米×1168 毫米
印张/5 **字数**/185 千字
版本/2019 年 1 月第 1 版 2019 年 1 月第 1 次印刷
印刷/北京瑞古冠中印刷厂

书号/ISBN 978－7－5162－1970－6
定价/150.00 元（全 12 辑）

编 辑 说 明

《法律工作手册》（以下简称《手册》）是一本旨在为法律工作者提供最新法律依据的连续性出版物，自2000年创办以来，因其内容准确、实用，出版及时，受到了读者的普遍欢迎。

《手册》主要登载以下内容：一、法律、法律解释及有关法律问题的决定；二、行政法规及法规性文件；三、部门规章及相关文件；四、司法解释及相关文件。《手册》每月出版一辑，每年12辑，基本上将全国人大及其常委会、国务院及其各部门、最高人民法院、最高人民检察院所制定的法律、行政法规、部门规章、司法解释及相关文件收齐，使读者能够及时、方便地查找到所需要的法律文件。

《手册》从2003年起增加了地方性法规、地方政府规章目录，受到了读者的欢迎。从2005年起，又增加了重要法律文件的说明性资料，以便更好地服务于读者。

需要说明的是，《手册》每月要按时出版，而当月的法律文件有些还未来得及收齐，只能在下一辑刊载。由于某些原因，个别部门规章没能及时编辑的，将在以后各辑补编，以保证资料的完整性。

目　录

【法律、法律解释及有关法律问题的决定】

【行政法规及法规性文件】

【部门规章及相关文件】

【司法解释及相关文件】

附　录

法律、法律解释及有关法律问题的决定

中华人民共和国主席令

第十七号

《全国人民代表大会常务委员会关于修改〈中华人民共和国农村土地承包法〉的决定》已由中华人民共和国第十三届全国人民代表大会常务委员会第七次会议于2018年12月29日通过，现予公布，自2019年1月1日起施行。

中华人民共和国主席　习近平

2018年12月29日

全国人民代表大会常务委员会关于修改《中华人民共和国农村土地承包法》的决定

（2018年12月29日第十三届全国人民代表大会常务委员会第七次会议通过）

第十三届全国人民代表大会常务委员会第七次会议决定对《中华人民共和国农村土地承包法》作如下修改：

一、将第一条修改为："为了巩固和完善以家庭承包经营为基础、统分结合的双层经营体制，保持农村土地承包关系稳定并长久不变，维护农村土地承包经营当事人的合法权益，促进农业、农村经济发展和农村社会和谐稳定，根据宪法，制定本法。"

二、增加一条，作为第九条："承包方承包土地后，享有土地承包经营权，可以自己经营，也可以保留土地承包权，流转其承包地的土地经营权，由他人经营。”

三、将第十条修改为：“国家保护承包方依法、自愿、有偿流转土地经营权，保护土地经营权人的合法权益，任何组织和个人不得侵犯。”

四、将第八条改为第十一条，修改为：“农村土地承包经营应当遵守法律、法规，保护土地资源的合理开发和可持续利用。未经依法批准不得将承包地用于非农建设。

“国家鼓励增加对土地的投入，培肥地力，提高农业生产能力。”

五、将第十一条改为第十二条，修改为：“国务院农业农村、林业和草原主管部门分别依照国务院规定的职责负责全国农村土地承包经营及承包经营合同管理的指导。

“县级以上地方人民政府农业农村、林业和草原等主管部门分别依照各自职责，负责本行政区域内农村土地承包经营及承包经营合同管理。

“乡（镇）人民政府负责本行政区域内农村土地承包经营及承包经营合同管理。”

六、将第十五条改为第十六条，增加一款，作为第二款：“农户内家庭成员依法平等享有承包土地的各项权益。”

七、将第十六条改为第十七条，修改为：“承包方享有下列权利：

“（一）依法享有承包地使用、收益的权利，有权自主组织生产经营和处置产品；

“（二）依法互换、转让土地承包经营权；

“（三）依法流转土地经营权；

“（四）承包地被依法征收、征用、占用的，有权依法获得相应的补偿；

“（五）法律、行政法规规定的其他权利。”

八、将第十七条改为第十八条，第一项修改为：“维持土地的农业用途，未经依法批准不得用于非农建设；”

九、将第二十条改为第二十一条，修改为：“耕地的承包期为三十年。草地的承包期为三十年至五十年。林地的承包期为三十年至七十年。

“前款规定的耕地承包期届满后再延长三十年，草地、林地承包期届满后依照前款规定相应延长。”

十、将第二十三条改为第二十四条，修改为：“国家对耕地、林地和草地等实行统一登记，登记机构应当向承包方颁发土地承包经营权证或者林权证等证书，并登记造册，确认土地承包经营权。

“土地承包经营权证或者林权证等证书应当将具有土地承包经营权的全部家庭成员列入。

“登记机构除按规定收取证书工本费外，不得收取其他费用。”

十一、将第二章第四节的标题修改为：“土地承包经营权的保护和互换、转让”。

十二、将第二十六条改为第二十七条，第二款、第三款修改为：“国家保护进城农户的土地承包经营权。不得以退出土地承包经营权作为农户进城落户的条件。

“承包期内，承包农户进城落户的，引导支持其按照自愿有偿原则依法在本集体经济组织内转让土地承包经营权或者将承包地交回发包方，也可以鼓励其流转土地经营权。”

十三、将第二十七条改为第二十八条，第二款中的“农业等行政主管部门”修改为“农业农村、林业和草原等主管部门”。

十四、将第二十八条改为第二十九条，第三项修改为：“发包方依法收回和承包方依法、自愿交回的。”

十五、将第二十九条改为第三十条，修改为：“承包期内，承包方可以自愿将承包地交回发包方。承包方自愿交回承包地的，可以获得合理补偿，但是应当提前半年以书面形式通知发包方。承包方在承包期内交回承包地的，在承包期内不得再要求承包土地。”

十六、将第四十条改为第三十三条，修改为：“承包方之间为方便耕种或者各自需要，可以对属于同一集体经济组织的土地的土地承包经营权进行互换，并向发包方备案。”

十七、将第四十一条改为第三十四条，修改为：“经发包方同意，承包方可以将全部或者部分的土地承包经营权转让给本集体经济组织的其他农户，由该农户同发包方确立新的承包关系，原承包方与发包方在该土地上的承包关系即行终止。”

十八、将第三十八条改为第三十五条，修改为：“土地承包经营权互换、转让的，当事人可以向登记机构申请登记。未经登记，不得对抗善意第三人。”

十九、将第二章第五节的标题修改为：“土地经营权”。

二十、将第三十二条和第三十四条合并为第三十六条，修改为：“承包方可以自主决定依法采取出租（转包）、入股或者其他方式向他人流转土地经营权，并向发包方备案。”

二十一、增加一条，作为第三十七条：“土地经营权人有权在合同约定的期限内占有农村土地，自主开展农业生产经营并取得收益。”

二十二、将第三十三条改为第三十八条，修改为：“土地经营权流转应当遵循以下原则：

“（一）依法、自愿、有偿，任何组织和个人不得强迫或者阻碍土地经营权流转；

“（二）不得改变土地所有权的性质和土地的农业用途，不得破坏农业综合生产能力和农业生态环境；

“（三）流转期限不得超过承包期的剩余期限；

“（四）受让方须有农业经营能力或者资质；

“（五）在同等条件下，本集体经济组织成员享有优先权。”

二十三、将第三十六条改为第三十九条，修改为：“土地经营权流转的价款，应当由当事人双方协商确定。流转的收益归承包方所有，任何组织和个人不得擅自截留、扣缴。”

二十四、将第三十七条和第三十九条第二款合并为第四十条，修改为：“土地经营权流转，当事人双方应当签订书面流转合同。

“土地经营权流转合同一般包括以下条款：

“（一）双方当事人的姓名、住所；

“（二）流转土地的名称、坐落、面积、质量等级；

“（三）流转期限和起止日期；

“（四）流转土地的用途；

“（五）双方当事人的权利和义务；

“（六）流转价款及支付方式；

“（七）土地被依法征收、征用、占用时有关补偿费的归属；

“（八）违约责任。

“承包方将土地交由他人代耕不超过一年的，可以不签订书面合同。”

二十五、增加一条，作为第四十一条：“土地经营权流转期限为五年以上的，当事人可以向登记机构申请土地经营权登记。未经登记，不得对抗善意第三人。”

二十六、增加一条，作为第四十二条：“承包方不得单方解除土地经营权流转合同，但受让方有下列情形之一的除外：

“（一）擅自改变土地的农业用途；

“（二）弃耕抛荒连续两年以上；

“（三）给土地造成严重损害或者严重破坏土地生态环境；

“（四）其他严重违约行为。”

二十七、增加一条，作为第四十三条：“经承包方同意，受让方可以依法投资改良土壤，建设农业生产附属、配套设施，并按照合同约定对其投资部分获得合理补偿。”

二十八、将第三十九条第一款改为第四十四条，修改为：“承包方流转土地经营权的，其与发包方的承包关系不变。”

二十九、增加一条，作为第四十五条：“县级以上地方人民政府应当建立工商企业等社会资本通过流转取得土地经营权的资格审查、项目审核和风险防范制度。

“工商企业等社会资本通过流转取得土地经营权的，本集体经济组织可以收取适量管理费用。

“具体办法由国务院农业农村、林业和草原主管部门规定。”

三十、增加一条，作为第四十六条：“经承包方书面同意，并向本集体经济组织备案，受让方可以再流转土地经营权。”

三十一、增加一条，作为第四十七条：“承包方可以用承包地的土地经营权向金融机构融资担保，并向发包方备案。受让方通过流转取得的土地经营权，经承包方书面同意并向发包方备案，可以向金融机构融资担保。

“担保物权自融资担保合同生效时设立。当事人可以向登记机构申请登记；未经登记，不得对抗善意第三人。

“实现担保物权时，担保物权人有权就土地经营权优先受偿。

“土地经营权融资担保办法由国务院有关部门规定。”

三十二、将第四十五条改为第四十九条，修改为：“以其他方式承包农村土地的，应当签订承包合同，承包方取得土地经营权。当事人的权利和义务、承包期限等，由双方协商确定。以招标、拍卖方式承包的，承包费通过公开竞标、竞价确定；以公开协商等方式承包的，承包费由双方议定。”

三十三、将第四十六条改为第五十条，第一款修改为：“荒山、荒沟、荒丘、荒滩等可以直接通过招标、拍卖、公开协商等方式实行承包经营，也可以将土地经营权折股分给本集体经济组织成员后，再实行承包经营或者股份合作经营。”

三十四、将第四十七条改为第五十一条，修改为：“以其他方式承包农村土地，在同等条件下，本集体经济组织成员有权优先承包。”

三十五、将第四十九条改为第五十三条，修改为：“通过招标、拍卖、公开协商等方式承包农村土地，经依法登记取得权属证书的，可以依法采取出租、入股、抵押或者其他方式流转土地经营权。”

三十六、将第五十条改为第五十四条，修改为：“依照本章规定通过招标、拍卖、公开协商等方式取得土地经营权的，该承包人死亡，其应得的承包收益，依照继承法的规定继承；在承包期内，其继承人可以继续承包。”

三十七、将第五十三条改为第五十六条，修改为：“任何组织和个人侵害土地承包经营权、土地经营权的，应当承担民事责任。”

三十八、将第五十四条改为第五十七条，修改为：“发包方有下列行为之一的，应当承担停止侵害、排除妨碍、消除危险、返还财产、恢复原状、赔偿损失等民事责任：

“（一）干涉承包方依法享有的生产经营自主权；

“（二）违反本法规定收回、调整承包地；

“（三）强迫或者阻碍承包方进行土地承包经营权的互换、转让或者土地经营权流转；

“（四）假借少数服从多数强迫承包方放弃或者变更土地承包经营权；

“（五）以划分‘口粮田’和‘责任田’等为由收回承包地搞招标承包；

“（六）将承包地收回抵顶欠款；

“（七）剥夺、侵害妇女依法享有的土地承包经营权；

“（八）其他侵害土地承包经营权的行为。”

三十九、将第五十六条改为第五十九条，修改为：“当事人一方不履行合同义务或者履行义务不符合约定的，应当依法承担违约责任。”

四十、将第五十七条改为第六十条，修改为：“任何组织和个人强迫进行土地承包经营权互换、转让或者土地经营权流转的，该互换、转让或者流转无效。”

四十一、将第五十八条改为第六十一条，修改为："任何组织和个人擅自截留、扣缴土地承包经营权互换、转让或者土地经营权流转收益的，应当退还。"

四十二、将第六十条改为第六十三条，修改为："承包方、土地经营权人违法将承包地用于非农建设的，由县级以上地方人民政府有关主管部门依法予以处罚。

"承包方给承包地造成永久性损害的，发包方有权制止，并有权要求赔偿由此造成的损失。"

四十三、增加一条，作为第六十四条："土地经营权人擅自改变土地的农业用途、弃耕抛荒连续两年以上、给土地造成严重损害或者严重破坏土地生态环境，承包方在合理期限内不解除土地经营权流转合同的，发包方有权要求终止土地经营权流转合同。土地经营权人对土地和土地生态环境造成的损害应当予以赔偿。"

四十四、将第六十一条改为第六十五条，修改为："国家机关及其工作人员有利用职权干涉农村土地承包经营，变更、解除承包经营合同，干涉承包经营当事人依法享有的生产经营自主权，强迫、阻碍承包经营当事人进行土地承包经营权互换、转让或者土地经营权流转等侵害土地承包经营权、土地经营权的行为，给承包经营当事人造成损失的，应当承担损害赔偿等责任；情节严重的，由上级机关或者所在单位给予直接责任人员处分；构成犯罪的，依法追究刑事责任。"

四十五、增加一条，作为第六十九条："确认农村集体经济组织成员身份的原则、程序等，由法律、法规规定。"

四十六、删去第四条第一款、第三十五条、第四十二条、第四十三条、第五十二条。

本决定自2019年1月1日起施行。

《中华人民共和国农村土地承包法》根据本决定作相应修改并对条款顺序作相应调整，重新公布。

中华人民共和国主席令

第十八号

《中华人民共和国耕地占用税法》已由中华人民共和国第十三届全国人民代表大会常务委员会第七次会议于 2018 年 12 月 29 日通过，现予公布，自 2019 年 9 月 1 日起施行。

中华人民共和国主席　习近平

2018 年 12 月 29 日

中华人民共和国耕地占用税法

（2018 年 12 月 29 日第十三届全国人民代表大会常务委员会第七次会议通过）

第一条　为了合理利用土地资源，加强土地管理，保护耕地，制定本法。

第二条　在中华人民共和国境内占用耕地建设建筑物、构筑物或者从事非农业建设的单位和个人，为耕地占用税的纳税人，应当依照本法规定缴纳耕地占用税。

占用耕地建设农田水利设施的，不缴纳耕地占用税。

本法所称耕地，是指用于种植农作物的土地。

第三条　耕地占用税以纳税人实际占用的耕地面积为计税依据，按照规定的适用税额一次性征收，应纳税额为纳税人实际占用的耕地面积（平方米）乘以适用税额。

第四条　耕地占用税的税额如下：

（一）人均耕地不超过一亩的地区（以县、自治县、不设区的市、市辖区为单位，下同），每平方米为十元至五十元；

（二）人均耕地超过一亩但不超过二亩的地区，每平方米为八元至四十元；

（三）人均耕地超过二亩但不超过三亩的地区，每平方米为六元至三十元；

（四）人均耕地超过三亩的地区，每平方米为五元至二十五元。

各地区耕地占用税的适用税额，由省、自治区、直辖市人民政府根据人均耕地面积和经济发展等情况，在前款规定的税额幅度内提出，报同级人民代表大会常务委员会决定，并报全国人民代表大会常务委员会和国务院备案。各省、自治区、直辖市耕地占用税适用税额的平均水平，不得低于本法所附《各省、自治区、直辖市耕地占用税平均税额表》规定的平均税额。

第五条 在人均耕地低于零点五亩的地区，省、自治区、直辖市可以根据当地经济发展情况，适当提高耕地占用税的适用税额，但提高的部分不得超过本法第四条第二款确定的适用税额的百分之五十。具体适用税额按照本法第四条第二款规定的程序确定。

第六条 占用基本农田的，应当按照本法第四条第二款或者第五条确定的当地适用税额，加按百分之一百五十征收。

第七条 军事设施、学校、幼儿园、社会福利机构、医疗机构占用耕地，免征耕地占用税。

铁路线路、公路线路、飞机场跑道、停机坪、港口、航道、水利工程占用耕地，减按每平方米二元的税额征收耕地占用税。

农村居民在规定用地标准以内占用耕地新建自用住宅，按照当地适用税额减半征收耕地占用税；其中农村居民经批准搬迁，新建自用住宅占用耕地不超过原宅基地面积的部分，免征耕地占用税。

农村烈士遗属、因公牺牲军人遗属、残疾军人以及符合农村最低生活保障条件的农村居民，在规定用地标准以内新建自用住宅，免征耕地占用税。

根据国民经济和社会发展的需要，国务院可以规定免征或者减征耕地占用税的其他情形，报全国人民代表大会常务委员会备案。

第八条 依照本法第七条第一款、第二款规定免征或者减征耕地占用税后，纳税人改变原占地用途，不再属于免征或者减征耕地占用税情形的，应当按照当地适用税额补缴耕地占用税。

第九条 耕地占用税由税务机关负责征收。

第十条 耕地占用税的纳税义务发生时间为纳税人收到自然资源主管部门办理占用耕地手续的书面通知的当日。纳税人应当自纳税义务发生之日起三十日内申报缴纳耕地占用税。

自然资源主管部门凭耕地占用税完税凭证或者免税凭证和其他有关文件发放建设用地批准书。

第十一条 纳税人因建设项目施工或者地质勘查临时占用耕地，应当依照本法的规定缴纳耕地占用税。纳税人在批准临时占用耕地期满之日起一年内依法复垦，恢复种植条件的，全额退还已经缴纳的耕地占用税。

第十二条 占用园地、林地、草地、农田水利用地、养殖水面、渔业水域滩涂以及其他农用地建设建筑物、构筑物或者从事非农业建设的，依照本法的规定缴纳耕地占用税。

占用前款规定的农用地的，适用税额可以适当低于本地区按照本法第四条第二款确定的适用税额，但降低的部分不得超过百分之五十。具体适用税额由省、自治区、直辖市人民政府提出，报同级人民代表大会常务委员会决定，并报全国人民代表大会常务委员会和国务院备案。

占用本条第一款规定的农用地建设直接为农业生产服务的生产设施的，不缴纳耕地占用税。

第十三条 税务机关应当与相关部门建立耕地占用税涉税信息共享机制和工作配合机制。县级以上地方人民政府自然资源、农业农村、水利等相关部门应当定期向税务机关提供农用地转用、临时占地等信息，协助税务机关加强耕地占用税征收管理。

税务机关发现纳税人的纳税申报数据资料异常或者纳税人未按照规定期限申报纳税的，可以提请相关部门进行复核，相关部门应当自收到税务机关复核申请之日起三十日内向税务机关出具复核意见。

第十四条 耕地占用税的征收管理，依照本法和《中华人民共和国税收征收管理法》的规定执行。

第十五条 纳税人、税务机关及其工作人员违反本法规定的，依照《中华人民共和国税收征收管理法》和有关法律法规的规定追究法律责任。

第十六条 本法自2019年9月1日起施行。2007年12月1日国务院公布的《中华人民共和国耕地占用税暂行条例》同时废止。

附：

各省、自治区、直辖市耕地占用税平均税额表

省、自治区、直辖市	平均税额（元/平方米）
上海	45
北京	40
天津	35
江苏、浙江、福建、广东	30
辽宁、湖北、湖南	25
河北、安徽、江西、山东、河南、重庆、四川	22.5
广西、海南、贵州、云南、陕西	20
山西、吉林、黑龙江	17.5
内蒙古、西藏、甘肃、青海、宁夏、新疆	12.5

中华人民共和国主席令

第十九号

《中华人民共和国车辆购置税法》已由中华人民共和国第十三届全国人民代表大会常务委员会第七次会议于2018年12月29日通过，现予公布，自2019年7月1日起施行。

中华人民共和国主席　习近平

2018年12月29日

中华人民共和国车辆购置税法

（2018年12月29日第十三届全国人民代表大会常务委员会第七次会议通过）

第一条　在中华人民共和国境内购置汽车、有轨电车、汽车挂车、排气量超过一百五十毫升的摩托车（以下统称应税车辆）的单位和个人，为车辆购置税的纳税人，应当依照本法规定缴纳车辆购置税。

第二条　本法所称购置，是指以购买、进口、自产、受赠、获奖或者其他方式取得并自用应税车辆的行为。

第三条　车辆购置税实行一次性征收。购置已征车辆购置税的车辆，不再征收车辆购置税。

第四条　车辆购置税的税率为百分之十。

第五条　车辆购置税的应纳税额按照应税车辆的计税价格乘以税率计算。

第六条　应税车辆的计税价格，按照下列规定确定：

（一）纳税人购买自用应税车辆的计税价格，为纳税人实际支付给销售者的全部价款，不包括增值税税款；

（二）纳税人进口自用应税车辆的计税价格，为关税完税价格加上关税和消费税；

（三）纳税人自产自用应税车辆的计税价格，按照纳税人生产的同类应税车辆的销售价格确定，不包括增值税税款；

（四）纳税人以受赠、获奖或者其他方式取得自用应税车辆的计税价格，按照购置应税车辆时相关凭证载明的价格确定，不包括增值税税款。

第七条 纳税人申报的应税车辆计税价格明显偏低，又无正当理由的，由税务机关依照《中华人民共和国税收征收管理法》的规定核定其应纳税额。

第八条 纳税人以外汇结算应税车辆价款的，按照申报纳税之日的人民币汇率中间价折合成人民币计算缴纳税款。

第九条 下列车辆免征车辆购置税：

（一）依照法律规定应当予以免税的外国驻华使馆、领事馆和国际组织驻华机构及其有关人员自用的车辆；

（二）中国人民解放军和中国人民武装警察部队列入装备订货计划的车辆；

（三）悬挂应急救援专用号牌的国家综合性消防救援车辆；

（四）设有固定装置的非运输专用作业车辆；

（五）城市公交企业购置的公共汽电车辆。

根据国民经济和社会发展的需要，国务院可以规定减征或者其他免征车辆购置税的情形，报全国人民代表大会常务委员会备案。

第十条 车辆购置税由税务机关负责征收。

第十一条 纳税人购置应税车辆，应当向车辆登记地的主管税务机关申报缴纳车辆购置税；购置不需要办理车辆登记的应税车辆的，应当向纳税人所在地的主管税务机关申报缴纳车辆购置税。

第十二条 车辆购置税的纳税义务发生时间为纳税人购置应税车辆的当日。纳税人应当自纳税义务发生之日起六十日内申报缴纳车辆购置税。

第十三条 纳税人应当在向公安机关交通管理部门办理车辆注册登记前，缴纳车辆购置税。

公安机关交通管理部门办理车辆注册登记，应当根据税务机关提供的应税车辆完税或者免税电子信息对纳税人申请登记的车辆信息进行核对，核对无误后依法办理车辆注册登记。

第十四条 免税、减税车辆因转让、改变用途等原因不再属于免税、减税范围的，纳税人应当在办理车辆转移登记或者变更登记前缴纳车辆购置税。计税价格以免税、减税车辆初次办理纳税申报时确定的计税价格为基准，每满一年扣减百分之十。

第十五条 纳税人将已征车辆购置税的车辆退回车辆生产企业或者销售企业的，可以向主管税务机关申请退还车辆购置税。退税额以已缴税款为基准，自缴纳税款之日至申请退税之日，每满一年扣减百分之十。

第十六条 税务机关和公安、商务、海关、工业和信息化等部门应当建立应税车辆信息共享和工作配合机制，及时交换应税车辆和纳税信息资料。

第十七条 车辆购置税的征收管理，依照本法和《中华人民共和国税收征收管理法》的规定执行。

第十八条 纳税人、税务机关及其工作人员违反本法规定的，依照《中华人民共和国税收征收管理法》和有关法律法规的规定追究法律责任。

第十九条 本法自2019年7月1日起施行。2000年10月22日国务院公布的《中华人民共和国车辆购置税暂行条例》同时废止。

中华人民共和国主席令

第二十号

《中华人民共和国公务员法》已由中华人民共和国第十三届全国人民代表大会常务委员会第七次会议于 2018 年 12 月 29 日修订通过，现将修订后的《中华人民共和国公务员法》公布，自 2019 年 6 月 1 日起施行。

中华人民共和国主席　习近平

2018 年 12 月 29 日

中华人民共和国公务员法

（2005 年 4 月 27 日第十届全国人民代表大会常务委员会第十五次会议通过　根据 2017 年 9 月 1 日第十二届全国人民代表大会常务委员会第二十九次会议《关于修改〈中华人民共和国法官法〉等八部法律的决定》修正　2018 年 12 月 29 日第十三届全国人民代表大会常务委员会第七次会议修订）

目　录

第一章　总　　则

第一条　为了规范公务员的管理，保障公务员的合法权益，加强对公务员的监督，促进公务员正确履职尽责，建设信念坚定、为民服务、勤政务实、敢于担当、清正廉洁的高素质专业化公务员队伍，根据宪法，制定本法。

第二条　本法所称公务员，是指依法履行公职、纳入国家行政编制、由国家财政负担工资福利的工作人员。

公务员是干部队伍的重要组成部分，是社会主义事业的中坚力量，是人民的公仆。

第三条　公务员的义务、权利和管理，适用本法。

法律对公务员中领导成员的产生、任免、监督以及监察官、法官、检察官等的义务、权利和管理另有规定的，从其规定。

第四条　公务员制度坚持中国共产党领导，坚持以马克思列宁主义、毛泽东思想、邓小平理论、“三个代表”重要思想、科学发展观、习近平新时代中国特色社会主义思想为指导，贯彻社会主义初级阶段的基本路线，贯彻新时代中国共产党的组织路线，坚持党管干部原则。

第五条 公务员的管理，坚持公开、平等、竞争、择优的原则，依照法定的权限、条件、标准和程序进行。

第六条 公务员的管理，坚持监督约束与激励保障并重的原则。

第七条 公务员的任用，坚持德才兼备、以德为先，坚持五湖四海、任人唯贤，坚持事业为上、公道正派，突出政治标准，注重工作实绩。

第八条 国家对公务员实行分类管理，提高管理效能和科学化水平。

第九条 公务员就职时应当依照法律规定公开进行宪法宣誓。

第十条 公务员依法履行职责的行为，受法律保护。

第十一条 公务员工资、福利、保险以及录用、奖励、培训、辞退等所需经费，列入财政预算，予以保障。

第十二条 中央公务员主管部门负责全国公务员的综合管理工作。县级以上地方各级公务员主管部门负责本辖区内公务员的综合管理工作。上级公务员主管部门指导下级公务员主管部门的公务员管理工作。各级公务员主管部门指导同级各机关的公务员管理工作。

第二章 公务员的条件、义务与权利

第十三条 公务员应当具备下列条件：

（一）具有中华人民共和国国籍；

（二）年满十八周岁；

（三）拥护中华人民共和国宪法，拥护中国共产党领导和社会主义制度；

（四）具有良好的政治素质和道德品行；

（五）具有正常履行职责的身体条件和心理素质；

（六）具有符合职位要求的文化程度和工作能力；

（七）法律规定的其他条件。

第十四条　公务员应当履行下列义务：

（一）忠于宪法，模范遵守、自觉维护宪法和法律，自觉接受中国共产党领导；

（二）忠于国家，维护国家的安全、荣誉和利益；

（三）忠于人民，全心全意为人民服务，接受人民监督；

（四）忠于职守，勤勉尽责，服从和执行上级依法作出的决定和命令，按照规定的权限和程序履行职责，努力提高工作质量和效率；

（五）保守国家秘密和工作秘密；

（六）带头践行社会主义核心价值观，坚守法治，遵守纪律，恪守职业道德，模范遵守社会公德、家庭美德；

（七）清正廉洁，公道正派；

（八）法律规定的其他义务。

第十五条　公务员享有下列权利：

（一）获得履行职责应当具有的工作条件；

（二）非因法定事由、非经法定程序，不被免职、降职、辞退或者处分；

（三）获得工资报酬，享受福利、保险待遇；

（四）参加培训；

（五）对机关工作和领导人员提出批评和建议；

（六）提出申诉和控告；

（七）申请辞职；

（八）法律规定的其他权利。

第三章 职务、职级与级别

第十六条 国家实行公务员职位分类制度。

公务员职位类别按照公务员职位的性质、特点和管理需要，划分为综合管理类、专业技术类和行政执法类等类别。根据本法，对于具有职位特殊性，需要单独管理的，可以增设其他职位类别。各职位类别的适用范围由国家另行规定。

第十七条 国家实行公务员职务与职级并行制度，根据公务员职位类别和职责设置公务员领导职务、职级序列。

第十八条 公务员领导职务根据宪法、有关法律和机构规格设置。

领导职务层次分为：国家级正职、国家级副职、省部级正职、省部级副职、厅局级正职、厅局级副职、县处级正职、县处级副职、乡科级正职、乡科级副职。

第十九条 公务员职级在厅局级以下设置。

综合管理类公务员职级序列分为：一级巡视员、二级巡视员、一级调研员、二级调研员、三级调研员、四级调研员、一级主任科员、二级主任科员、三级主任科员、四级主任科员、一级科员、二级科员。

综合管理类以外其他职位类别公务员的职级序列，根据本法由国家另行规定。

第二十条 各机关依照确定的职能、规格、编制限额、职数以及结构比例，设置本机关公务员的具体职位，并确定各职位的工作职责和任职资格条件。

第二十一条 公务员的领导职务、职级应当对应相应的级别。公务员领导职务、职级与级别的对应关系，由国家规定。

根据工作需要和领导职务与职级的对应关系，公务员担任的领导职务和职级可以互相转任、兼任；符合规定资格条件的，可以晋升领导职务或者职级。

公务员的级别根据所任领导职务、职级及其德才表现、工作实绩和资历确定。公务员在同一领导职务、职级上，可以按照国家规定晋升级别。

公务员的领导职务、职级与级别是确定公务员工资以及其他待遇的依据。

第二十二条 国家根据人民警察、消防救援人员以及海关、驻外外交机构等公务员的工作特点，设置与其领导职务、职级相对应的衔级。

第四章 录 用

第二十三条 录用担任一级主任科员以下及其他相当职级层次的公务员，采取公开考试、严格考察、平等竞争、择优录取的办法。

民族自治地方依照前款规定录用公务员时，依照法律和有关规定对少数民族报考者予以适当照顾。

第二十四条 中央机关及其直属机构公务员的录用，由中央公务员主管部门负责组织。地方各级机关公务员的录用，由省级公务员主管部门负责组织，必要时省级公务员主管部门可以授权设区的市级公务员主管部门组织。

第二十五条 报考公务员，除应当具备本法第十三条规定的条件以外，还应当具备省级以上公务员主管部门规定的拟任职位所要求的资格条件。

国家对行政机关中初次从事行政处罚决定审核、行政复议、行政裁决、法律顾问的公务员实行统一法律职业资格考试制度，由国务院司法行政部门商有关部门组织实施。

第二十六条 下列人员不得录用为公务员：

（一）因犯罪受过刑事处罚的；

（二）被开除中国共产党党籍的；

（三）被开除公职的；

（四）被依法列为失信联合惩戒对象的；

（五）有法律规定不得录用为公务员的其他情形的。

第二十七条 录用公务员，应当在规定的编制限额内，并有相应的职位空缺。

第二十八条 录用公务员，应当发布招考公告。招考公告应当载明招考的职位、名额、报考资格条件、报考需要提交的申请材料以及其他报考须知事项。

招录机关应当采取措施，便利公民报考。

第二十九条 招录机关根据报考资格条件对报考申请进行审查。报考者提交的申请材料应当真实、准确。

第三十条 公务员录用考试采取笔试和面试等方式进行，考试内容根据公务员应当具备的基本能力和不同职位类别、不同层级机关分别设置。

第三十一条 招录机关根据考试成绩确定考察人选，并进行报考资格复审、考察和体检。

体检的项目和标准根据职位要求确定。具体办法由中央公务员主管部门会同国务院卫生健康行政部门规定。

第三十二条 招录机关根据考试成绩、考察情况和体检结果，提出拟录用人员名单，并予以公示。公示期不少于五个工作日。

公示期满，中央一级招录机关应当将拟录用人员名单报中央公务员主管部门备案；地方各级招录机关应当将拟录用人员名单报省级或者设区的市级公务员主管部门审批。

第三十三条 录用特殊职位的公务员，经省级以上公务员主管部门批准，可以简化程序或者采用其他测评办法。

第三十四条 新录用的公务员试用期为一年。试用期满合格的，予以任职；不合格的，取消录用。

第五章　考　核

第三十五条　公务员的考核应当按照管理权限，全面考核公务员的德、能、勤、绩、廉，重点考核政治素质和工作实绩。考核指标根据不同职位类别、不同层级机关分别设置。

第三十六条　公务员的考核分为平时考核、专项考核和定期考核等方式。定期考核以平时考核、专项考核为基础。

第三十七条　非领导成员公务员的定期考核采取年度考核的方式。先由个人按照职位职责和有关要求进行总结，主管领导在听取群众意见后，提出考核等次建议，由本机关负责人或者授权的考核委员会确定考核等次。

领导成员的考核由主管机关按照有关规定办理。

第三十八条　定期考核的结果分为优秀、称职、基本称职和不称职四个等次。

定期考核的结果应当以书面形式通知公务员本人。

第三十九条　定期考核的结果作为调整公务员职位、职务、职级、级别、工资以及公务员奖励、培训、辞退的依据。

第六章　职务、职级任免

第四十条　公务员领导职务实行选任制、委任制和聘任制。公务员职级实行委任制和聘任制。

领导成员职务按照国家规定实行任期制。

第四十一条　选任制公务员在选举结果生效时即任当选职务；任期届满不再连任或者任期内辞职、被罢免、被撤职的，其所任职务即终止。

第四十二条　委任制公务员试用期满考核合格，职务、职级发生变化，以及其他情形需要任免职务、职级的，应当按照管理权限和规定的程序任免。

第四十三条 公务员任职应当在规定的编制限额和职数内进行，并有相应的职位空缺。

第四十四条 公务员因工作需要在机关外兼职，应当经有关机关批准，并不得领取兼职报酬。

第七章 职务、职级升降

第四十五条 公务员晋升领导职务，应当具备拟任职务所要求的政治素质、工作能力、文化程度和任职经历等方面的条件和资格。

公务员领导职务应当逐级晋升。特别优秀的或者工作特殊需要的，可以按照规定破格或者越级晋升。

第四十六条 公务员晋升领导职务，按照下列程序办理：

（一）动议；

（二）民主推荐；

（三）确定考察对象，组织考察；

（四）按照管理权限讨论决定；

（五）履行任职手续。

第四十七条 厅局级正职以下领导职务出现空缺且本机关没有合适人选的，可以通过适当方式面向社会选拔任职人选。

第四十八条 公务员晋升领导职务的，应当按照有关规定实行任职前公示制度和任职试用期制度。

第四十九条 公务员职级应当逐级晋升，根据个人德才表现、工作实绩和任职资历，参考民主推荐或者民主测评结果确定人选，经公示后，按照管理权限审批。

第五十条 公务员的职务、职级实行能上能下。对不适宜或者不胜任现任职务、职级的，应当进行调整。

公务员在年度考核中被确定为不称职的，按照规定程序降低一个职务或者职级层次任职。

第八章　奖　励

第五十一条　对工作表现突出，有显著成绩和贡献，或者有其他突出事迹的公务员或者公务员集体，给予奖励。奖励坚持定期奖励与及时奖励相结合，精神奖励与物质奖励相结合、以精神奖励为主的原则。

公务员集体的奖励适用于按照编制序列设置的机构或者为完成专项任务组成的工作集体。

第五十二条　公务员或者公务员集体有下列情形之一的，给予奖励：

（一）忠于职守，积极工作，勇于担当，工作实绩显著的；

（二）遵纪守法，廉洁奉公，作风正派，办事公道，模范作用突出的；

（三）在工作中有发明创造或者提出合理化建议，取得显著经济效益或者社会效益的；

（四）为增进民族团结，维护社会稳定做出突出贡献的；

（五）爱护公共财产，节约国家资财有突出成绩的；

（六）防止或者消除事故有功，使国家和人民群众利益免受或者减少损失的；

（七）在抢险、救灾等特定环境中做出突出贡献的；

（八）同违纪违法行为作斗争有功绩的；

（九）在对外交往中为国家争得荣誉和利益的；

（十）有其他突出功绩的。

第五十三条　奖励分为：嘉奖、记三等功、记二等功、记一等功、授予称号。

对受奖励的公务员或者公务员集体予以表彰，并对受奖励的个人给予一次性奖金或者其他待遇。

第五十四条 给予公务员或者公务员集体奖励，按照规定的权限和程序决定或者审批。

第五十五条 按照国家规定，可以向参与特定时期、特定领域重大工作的公务员颁发纪念证书或者纪念章。

第五十六条 公务员或者公务员集体有下列情形之一的，撤销奖励：

（一）弄虚作假，骗取奖励的；

（二）申报奖励时隐瞒严重错误或者严重违反规定程序的；

（三）有严重违纪违法等行为，影响称号声誉的；

（四）有法律、法规规定应当撤销奖励的其他情形的。

第九章　监督与惩戒

第五十七条 机关应当对公务员的思想政治、履行职责、作风表现、遵纪守法等情况进行监督，开展勤政廉政教育，建立日常管理监督制度。

对公务员监督发现问题的，应当区分不同情况，予以谈话提醒、批评教育、责令检查、诫勉、组织调整、处分。

对公务员涉嫌职务违法和职务犯罪的，应当依法移送监察机关处理。

第五十八条 公务员应当自觉接受监督，按照规定请示报告工作、报告个人有关事项。

第五十九条 公务员应当遵纪守法，不得有下列行为：

（一）散布有损宪法权威、中国共产党和国家声誉的言论，组织或者参加旨在反对宪法、中国共产党领导和国家的集会、游行、示威等活动；

（二）组织或者参加非法组织，组织或者参加罢工；

（三）挑拨、破坏民族关系，参加民族分裂活动或者组织、利用宗教活动破坏民族团结和社会稳定；

（四）不担当，不作为，玩忽职守，贻误工作；

（五）拒绝执行上级依法作出的决定和命令；

（六）对批评、申诉、控告、检举进行压制或者打击报复；

（七）弄虚作假，误导、欺骗领导和公众；

（八）贪污贿赂，利用职务之便为自己或者他人谋取私利；

（九）违反财经纪律，浪费国家资财；

（十）滥用职权，侵害公民、法人或者其他组织的合法权益；

（十一）泄露国家秘密或者工作秘密；

（十二）在对外交往中损害国家荣誉和利益；

（十三）参与或者支持色情、吸毒、赌博、迷信等活动；

（十四）违反职业道德、社会公德和家庭美德；

（十五）违反有关规定参与禁止的网络传播行为或者网络活动；

（十六）违反有关规定从事或者参与营利性活动，在企业或者其他营利性组织中兼任职务；

（十七）旷工或者因公外出、请假期满无正当理由逾期不归；

（十八）违纪违法的其他行为。

第六十条 公务员执行公务时，认为上级的决定或者命令有错误的，可以向上级提出改正或者撤销该决定或者命令的意见；上级不改变该决定或者命令，或者要求立即执行的，公务员应当执行该决定或者命令，执行的后果由上级负责，公务员不承担责任；但是，公务员执行明显违法的决定或者命令的，应当依法承担相应的责任。

第六十一条 公务员因违纪违法应当承担纪律责任的，依照本法给予处分或者由监察机关依法给予政务处分；违纪违法行为情节轻微，经批评教育后改正的，可以免予处分。

对同一违纪违法行为，监察机关已经作出政务处分决定的，公务员所在机关不再给予处分。

第六十二条 处分分为：警告、记过、记大过、降级、撤职、开除。

第六十三条 对公务员的处分，应当事实清楚、证据确凿、定性准确、处理恰当、程序合法、手续完备。

公务员违纪违法的，应当由处分决定机关决定对公务员违纪违法的情况进行调查，并将调查认定的事实以及拟给予处分的依据告知公务员本人。公务员有权进行陈述和申辩；处分决定机关不得因公务员申辩而加重处分。

处分决定机关认为对公务员应当给予处分的，应当在规定的期限内，按照管理权限和规定的程序作出处分决定。处分决定应当以书面形式通知公务员本人。

第六十四条 公务员在受处分期间不得晋升职务、职级和级别，其中受记过、记大过、降级、撤职处分的，不得晋升工资档次。

受处分的期间为：警告，六个月；记过，十二个月；记大过，十八个月；降级、撤职，二十四个月。

受撤职处分的，按照规定降低级别。

第六十五条 公务员受开除以外的处分，在受处分期间有悔改表现，并且没有再发生违纪违法行为的，处分期满后自动解除。

解除处分后，晋升工资档次、级别和职务、职级不再受原处分的影响。但是，解除降级、撤职处分的，不视为恢复原级别、原职务、原职级。

第十章 培　　训

第六十六条 机关根据公务员工作职责的要求和提高公务员素质的需要，对公务员进行分类分级培训。

国家建立专门的公务员培训机构。机关根据需要也可以委托其他培训机构承担公务员培训任务。

第六十七条 机关对新录用人员应当在试用期内进行初任培

训；对晋升领导职务的公务员应当在任职前或者任职后一年内进行任职培训；对从事专项工作的公务员应当进行专门业务培训；对全体公务员应当进行提高政治素质和工作能力、更新知识的在职培训，其中对专业技术类公务员应当进行专业技术培训。

国家有计划地加强对优秀年轻公务员的培训。

第六十八条 公务员的培训实行登记管理。

公务员参加培训的时间由公务员主管部门按照本法第六十七条规定的培训要求予以确定。

公务员培训情况、学习成绩作为公务员考核的内容和任职、晋升的依据之一。

第十一章 交流与回避

第六十九条 国家实行公务员交流制度。

公务员可以在公务员和参照本法管理的工作人员队伍内部交流，也可以与国有企业和不参照本法管理的事业单位中从事公务的人员交流。

交流的方式包括调任、转任。

第七十条 国有企业、高等院校和科研院所以及其他不参照本法管理的事业单位中从事公务的人员，可以调入机关担任领导职务或者四级调研员以上及其他相当层次的职级。

调任人选应当具备本法第十三条规定的条件和拟任职位所要求的资格条件，并不得有本法第二十六条规定的情形。调任机关应当根据上述规定，对调任人选进行严格考察，并按照管理权限审批，必要时可以对调任人选进行考试。

第七十一条 公务员在不同职位之间转任应当具备拟任职位所要求的资格条件，在规定的编制限额和职数内进行。

对省部级正职以下的领导成员应当有计划、有重点地实行跨地区、跨部门转任。

对担任机关内设机构领导职务和其他工作性质特殊的公务员，应当有计划地在本机关内转任。

上级机关应当注重从基层机关公开遴选公务员。

第七十二条 根据工作需要，机关可以采取挂职方式选派公务员承担重大工程、重大项目、重点任务或者其他专项工作。

公务员在挂职期间，不改变与原机关的人事关系。

第七十三条 公务员应当服从机关的交流决定。

公务员本人申请交流的，按照管理权限审批。

第七十四条 公务员之间有夫妻关系、直系血亲关系、三代以内旁系血亲关系以及近姻亲关系的，不得在同一机关双方直接隶属于同一领导人员的职位或者有直接上下级领导关系的职位工作，也不得在其中一方担任领导职务的机关从事组织、人事、纪检、监察、审计和财务工作。

公务员不得在其配偶、子女及其配偶经营的企业、营利性组织的行业监管或者主管部门担任领导成员。

因地域或者工作性质特殊，需要变通执行任职回避的，由省级以上公务员主管部门规定。

第七十五条 公务员担任乡级机关、县级机关、设区的市级机关及其有关部门主要领导职务的，应当按照有关规定实行地域回避。

第七十六条 公务员执行公务时，有下列情形之一的，应当回避：

（一）涉及本人利害关系的；

（二）涉及与本人有本法第七十四条第一款所列亲属关系人员的利害关系的；

（三）其他可能影响公正执行公务的。

第七十七条 公务员有应当回避情形的，本人应当申请回避；利害关系人有权申请公务员回避。其他人员可以向机关提供公务员需要回避的情况。

机关根据公务员本人或者利害关系人的申请，经审查后作出是否回避的决定，也可以不经申请直接作出回避决定。

第七十八条 法律对公务员回避另有规定的，从其规定。

第十二章 工资、福利与保险

第七十九条 公务员实行国家统一规定的工资制度。

公务员工资制度贯彻按劳分配的原则，体现工作职责、工作能力、工作实绩、资历等因素，保持不同领导职务、职级、级别之间的合理工资差距。

国家建立公务员工资的正常增长机制。

第八十条 公务员工资包括基本工资、津贴、补贴和奖金。

公务员按照国家规定享受地区附加津贴、艰苦边远地区津贴、岗位津贴等津贴。

公务员按照国家规定享受住房、医疗等补贴、补助。

公务员在定期考核中被确定为优秀、称职的，按照国家规定享受年终奖金。

公务员工资应当按时足额发放。

第八十一条 公务员的工资水平应当与国民经济发展相协调、与社会进步相适应。

国家实行工资调查制度，定期进行公务员和企业相当人员工资水平的调查比较，并将工资调查比较结果作为调整公务员工资水平的依据。

第八十二条 公务员按照国家规定享受福利待遇。国家根据经济社会发展水平提高公务员的福利待遇。

公务员执行国家规定的工时制度，按照国家规定享受休假。公务员在法定工作日之外加班的，应当给予相应的补休，不能补休的按照国家规定给予补助。

第八十三条 公务员依法参加社会保险，按照国家规定享受保险待遇。

公务员因公牺牲或者病故的，其亲属享受国家规定的抚恤和优待。

第八十四条 任何机关不得违反国家规定自行更改公务员工资、福利、保险政策，擅自提高或者降低公务员的工资、福利、保险待遇。任何机关不得扣减或者拖欠公务员的工资。

第十三章 辞职与辞退

第八十五条 公务员辞去公职，应当向任免机关提出书面申请。任免机关应当自接到申请之日起三十日内予以审批，其中对领导成员辞去公职的申请，应当自接到申请之日起九十日内予以审批。

第八十六条 公务员有下列情形之一的，不得辞去公职：

（一）未满国家规定的最低服务年限的；

（二）在涉及国家秘密等特殊职位任职或者离开上述职位不满国家规定的脱密期限的；

（三）重要公务尚未处理完毕，且须由本人继续处理的；

（四）正在接受审计、纪律审查、监察调查，或者涉嫌犯罪，司法程序尚未终结的；

（五）法律、行政法规规定的其他不得辞去公职的情形。

第八十七条 担任领导职务的公务员，因工作变动依照法律规定需要辞去现任职务的，应当履行辞职手续。

担任领导职务的公务员，因个人或者其他原因，可以自愿提出辞去领导职务。

领导成员因工作严重失误、失职造成重大损失或者恶劣社会影响的，或者对重大事故负有领导责任的，应当引咎辞去领导职务。

领导成员因其他原因不再适合担任现任领导职务的，或者应当引咎辞职本人不提出辞职的，应当责令其辞去领导职务。

第八十八条 公务员有下列情形之一的，予以辞退：

（一）在年度考核中，连续两年被确定为不称职的；

（二）不胜任现职工作，又不接受其他安排的；

（三）因所在机关调整、撤销、合并或者缩减编制员额需要调整工作，本人拒绝合理安排的；

（四）不履行公务员义务，不遵守法律和公务员纪律，经教育仍无转变，不适合继续在机关工作，又不宜给予开除处分的；

（五）旷工或者因公外出、请假期满无正当理由逾期不归连续超过十五天，或者一年内累计超过三十天的。

第八十九条 对有下列情形之一的公务员，不得辞退：

（一）因公致残，被确认丧失或者部分丧失工作能力的；

（二）患病或者负伤，在规定的医疗期内的；

（三）女性公务员在孕期、产假、哺乳期内的；

（四）法律、行政法规规定的其他不得辞退的情形。

第九十条 辞退公务员，按照管理权限决定。辞退决定应当以书面形式通知被辞退的公务员，并应当告知辞退依据和理由。

被辞退的公务员，可以领取辞退费或者根据国家有关规定享受失业保险。

第九十一条 公务员辞职或者被辞退，离职前应当办理公务交接手续，必要时按照规定接受审计。

第十四章 退 休

第九十二条 公务员达到国家规定的退休年龄或者完全丧失工作能力的，应当退休。

第九十三条 公务员符合下列条件之一的，本人自愿提出申请，经任免机关批准，可以提前退休：

（一）工作年限满三十年的；

（二）距国家规定的退休年龄不足五年，且工作年限满二十年的；

（三）符合国家规定的可以提前退休的其他情形的。

第九十四条 公务员退休后，享受国家规定的养老金和其他待遇，国家为其生活和健康提供必要的服务和帮助，鼓励发挥个人专长，参与社会发展。

第十五章 申诉与控告

第九十五条 公务员对涉及本人的下列人事处理不服的，可以自知道该人事处理之日起三十日内向原处理机关申请复核；对复核结果不服的，可以自接到复核决定之日起十五日内，按照规定向同级公务员主管部门或者作出该人事处理的机关的上一级机关提出申诉；也可以不经复核，自知道该人事处理之日起三十日内直接提出申诉：

（一）处分；

（二）辞退或者取消录用；

（三）降职；

（四）定期考核定为不称职；

（五）免职；

（六）申请辞职、提前退休未予批准；

（七）不按照规定确定或者扣减工资、福利、保险待遇；

（八）法律、法规规定可以申诉的其他情形。

对省级以下机关作出的申诉处理决定不服的，可以向作出处理决定的上一级机关提出再申诉。

受理公务员申诉的机关应当组成公务员申诉公正委员会，负责受理和审理公务员的申诉案件。

公务员对监察机关作出的涉及本人的处理决定不服向监察机关申请复审、复核的，按照有关规定办理。

第九十六条 原处理机关应当自接到复核申请书后的三十日内

作出复核决定，并以书面形式告知申请人。受理公务员申诉的机关应当自受理之日起六十日内作出处理决定；案情复杂的，可以适当延长，但是延长时间不得超过三十日。

复核、申诉期间不停止人事处理的执行。

公务员不因申请复核、提出申诉而被加重处理。

第九十七条 公务员申诉的受理机关审查认定人事处理有错误的，原处理机关应当及时予以纠正。

第九十八条 公务员认为机关及其领导人员侵犯其合法权益的，可以依法向上级机关或者监察机关提出控告。受理控告的机关应当按照规定及时处理。

第九十九条 公务员提出申诉、控告，应当尊重事实，不得捏造事实，诬告、陷害他人。对捏造事实，诬告、陷害他人的，依法追究法律责任。

第十六章　职位聘任

第一百条 机关根据工作需要，经省级以上公务员主管部门批准，可以对专业性较强的职位和辅助性职位实行聘任制。

前款所列职位涉及国家秘密的，不实行聘任制。

第一百零一条 机关聘任公务员可以参照公务员考试录用的程序进行公开招聘，也可以从符合条件的人员中直接选聘。

机关聘任公务员应当在规定的编制限额和工资经费限额内进行。

第一百零二条 机关聘任公务员，应当按照平等自愿、协商一致的原则，签订书面的聘任合同，确定机关与所聘公务员双方的权利、义务。聘任合同经双方协商一致可以变更或者解除。

聘任合同的签订、变更或者解除，应当报同级公务员主管部门备案。

第一百零三条 聘任合同应当具备合同期限，职位及其职责要求，工资、福利、保险待遇，违约责任等条款。

聘任合同期限为一年至五年。聘任合同可以约定试用期，试用期为一个月至十二个月。

聘任制公务员实行协议工资制，具体办法由中央公务员主管部门规定。

第一百零四条 机关依据本法和聘任合同对所聘公务员进行管理。

第一百零五条 聘任制公务员与所在机关之间因履行聘任合同发生争议的，可以自争议发生之日起六十日内申请仲裁。

省级以上公务员主管部门根据需要设立人事争议仲裁委员会，受理仲裁申请。人事争议仲裁委员会由公务员主管部门的代表、聘用机关的代表、聘任制公务员的代表以及法律专家组成。

当事人对仲裁裁决不服的，可以自接到仲裁裁决书之日起十五日内向人民法院提起诉讼。仲裁裁决生效后，一方当事人不履行的，另一方当事人可以申请人民法院执行。

第十七章　法律责任

第一百零六条 对有下列违反本法规定情形的，由县级以上领导机关或者公务员主管部门按照管理权限，区别不同情况，分别予以责令纠正或者宣布无效；对负有责任的领导人员和直接责任人员，根据情节轻重，给予批评教育、责令检查、诫勉、组织调整、处分；构成犯罪的，依法追究刑事责任：

（一）不按照编制限额、职数或者任职资格条件进行公务员录用、调任、转任、聘任和晋升的；

（二）不按照规定条件进行公务员奖惩、回避和办理退休的；

（三）不按照规定程序进行公务员录用、调任、转任、聘任、晋升以及考核、奖惩的；

（四）违反国家规定，更改公务员工资、福利、保险待遇标准的；

（五）在录用、公开遴选等工作中发生泄露试题、违反考场纪律以及其他严重影响公开、公正行为的；

（六）不按照规定受理和处理公务员申诉、控告的；

（七）违反本法规定的其他情形的。

第一百零七条 公务员辞去公职或者退休的，原系领导成员、县处级以上领导职务的公务员在离职三年内，其他公务员在离职两年内，不得到与原工作业务直接相关的企业或者其他营利性组织任职，不得从事与原工作业务直接相关的营利性活动。

公务员辞去公职或者退休后有违反前款规定行为的，由其原所在机关的同级公务员主管部门责令限期改正；逾期不改正的，由县级以上市场监管部门没收该人员从业期间的违法所得，责令接收单位将该人员予以清退，并根据情节轻重，对接收单位处以被处罚人员违法所得一倍以上五倍以下的罚款。

第一百零八条 公务员主管部门的工作人员，违反本法规定，滥用职权、玩忽职守、徇私舞弊，构成犯罪的，依法追究刑事责任；尚不构成犯罪的，给予处分或者由监察机关依法给予政务处分。

第一百零九条 在公务员录用、聘任等工作中，有隐瞒真实信息、弄虚作假、考试作弊、扰乱考试秩序等行为的，由公务员主管部门根据情节作出考试成绩无效、取消资格、限制报考等处理；情节严重的，依法追究法律责任。

第一百一十条 机关因错误的人事处理对公务员造成名誉损害的，应当赔礼道歉、恢复名誉、消除影响；造成经济损失的，应当依法给予赔偿。

第十八章　附　　则

第一百一十一条 本法所称领导成员，是指机关的领导人员，不包括机关内设机构担任领导职务的人员。

第一百一十二条 法律、法规授权的具有公共事务管理职能的事业单位中除工勤人员以外的工作人员，经批准参照本法进行管理。

第一百一十三条 本法自2019年6月1日起施行。

中华人民共和国主席令

第二十一号

《全国人民代表大会常务委员会关于修改〈中华人民共和国村民委员会组织法〉〈中华人民共和国城市居民委员会组织法〉的决定》已由中华人民共和国第十三届全国人民代表大会常务委员会第七次会议于2018年12月29日通过，现予公布，自公布之日起施行。

中华人民共和国主席　习近平

2018年12月29日

全国人民代表大会常务委员会关于修改《中华人民共和国村民委员会组织法》《中华人民共和国城市居民委员会组织法》的决定

（2018年12月29日第十三届全国人民代表大会常务委员会第七次会议通过）

第十三届全国人民代表大会常务委员会第七次会议决定：

一、对《中华人民共和国村民委员会组织法》作出修改

将第十一条第二款修改为："村民委员会每届任期五年，届满应当及时举行换届选举。村民委员会成员可以连选连任。"

二、对《中华人民共和国城市居民委员会组织法》作出修改

将第八条第一款修改为："居民委员会主任、副主任和委员，由本居住地区全体有选举权的居民或者由每户派代表选举产生；根据居民意见，也可以由每个居民小组选举代表二至三人选举产生。

居民委员会每届任期五年，其成员可以连选连任。”

本决定自公布之日起施行。

《中华人民共和国村民委员会组织法》《中华人民共和国城市居民委员会组织法》根据本决定作相应修改，重新公布。

中华人民共和国主席令

第二十二号

《全国人民代表大会常务委员会关于修改〈中华人民共和国产品质量法〉等五部法律的决定》已由中华人民共和国第十三届全国人民代表大会常务委员会第七次会议于2018年12月29日通过，现予公布，自公布之日起施行。

中华人民共和国主席　习近平

2018年12月29日

全国人民代表大会常务委员会关于修改《中华人民共和国产品质量法》等五部法律的决定

（2018年12月29日第十三届全国人民代表大会常务委员会第七次会议通过）

第十三届全国人民代表大会常务委员会第七次会议决定：

一、对《中华人民共和国产品质量法》作出修改

（一）将第八条、第十条、第十四条、第十五条、第十七条、第十八条、第十九条、第二十四条、第二十五条、第六十六条、第六十七条中的“产品质量监督部门”修改为“市场监督管理部门”。

（二）删去第十八条第二款。

（三）将第二十二条中的“产品质量监督部门、工商行政管理部门”修改为“市场监督管理部门”。

（四）将第四十条第三款、第六十三条、第六十五条、第六十

八条、第六十九条中的“产品质量监督部门或者工商行政管理部门”修改为“市场监督管理部门”。

（五）删去第七十条中的“本法规定的吊销营业执照的行政处罚由工商行政管理部门决定”，将“由产品质量监督部门或者工商行政管理部门按照国务院规定的职权范围决定”修改为“由市场监督管理部门决定”。

二、对《中华人民共和国义务教育法》作出修改

将第四十条中的“出版行政部门”修改为“出版主管部门”。

三、对《中华人民共和国进出口商品检验法》作出修改

（一）将第二十四条中的“国家商检部门”修改为“国务院认证认可监督管理部门”。

（二）将第二十五条中的“商检机构”修改为“认证机构”，“国家商检部门”修改为“国务院认证认可监督管理部门”。

（三）将第三十六条中的“由商检机构责令改正”修改为“由商检机构、认证认可监督管理部门依据各自职责责令改正”。

四、对《中华人民共和国预算法》作出修改

将第八十八条中的“监督检查本级各部门及其所属各单位预算的编制、执行”修改为“监督本级各部门及其所属各单位预算管理有关工作”。

五、对《中华人民共和国食品安全法》作出修改

（一）将第五条、第六条、第七条、第八条第二款、第十四条、第十六条、第十九条、第二十一条第二款、第二十二条、第二十三条、第二十七条、第三十二条、第三十五条第二款、第三十六条第一款、第三十八条、第四十二条第三款、第四十四条第三款、第四十七条、第四十八条第二款、第六十一条、第六十二条第二款、第六十三条、第六十四条、第七十三条第二款、第七十五条第二款、第七十六条第一款、第七十七条第一款、第七十九条、第八十条第一款、第八十一条、第八十二条第二款、第八十三条、第八十四条第二款、第八十七条、第八十八条第一款、第九十五条、第

一百零三条、第一百零四条、第一百零五条、第一百零六条、第一百零九条、第一百一十二条第一款、第一百一十三条、第一百一十四条、第一百一十五条第一款、第一百一十六条、第一百一十七条、第一百一十八条、第一百一十九条、第一百二十条第二款、第一百二十一条、第一百二十二条、第一百二十三条、第一百二十四条第一款、第一百二十五条、第一百二十六条、第一百三十条第一款、第一百三十一条第一款、第一百三十二条、第一百三十四条、第一百三十五条第三款、第一百四十条、第一百四十四条、第一百四十五条、第一百四十六条、第一百五十二条中的“食品药品监督管理”修改为“食品安全监督管理”。

（二）删去第十四条、第十九条、第二十一条第二款、第三十二条、第一百零三条第二款、第一百零五条第一款、第一百零九条、第一百一十五条第一款、第一百一十六条、第一百一十八条第二款、第一百一十九条、第一百二十一条、第一百四十四条、第一百四十五条、第一百四十六条中的“质量监督”。

（三）将第四十一条、第一百二十四条第三款、第一百二十六条第三款、第一百五十二条第三款中的“质量监督”修改为“食品安全监督管理”。

（四）将第一百一十条中的“食品药品监督管理、质量监督部门履行各自食品安全监督管理职责”修改为“食品安全监督管理部门履行食品安全监督管理职责”。

（五）将第一百二十一条第三款中的“环境保护”修改为“生态环境”。

本决定自公布之日起施行。

《中华人民共和国产品质量法》《中华人民共和国义务教育法》《中华人民共和国进出口商品检验法》《中华人民共和国预算法》《中华人民共和国食品安全法》根据本决定作相应修改，重新公布。

中华人民共和国主席令

第二十三号

《全国人民代表大会常务委员会关于修改〈中华人民共和国电力法〉等四部法律的决定》已由中华人民共和国第十三届全国人民代表大会常务委员会第七次会议于2018年12月29日通过，现予公布，自公布之日起施行。

中华人民共和国主席　习近平

2018年12月29日

全国人民代表大会常务委员会关于修改《中华人民共和国电力法》等四部法律的决定

（2018年12月29日第十三届全国人民代表大会常务委员会第七次会议通过）

第十三届全国人民代表大会常务委员会第七次会议决定：

一、对《中华人民共和国电力法》作出修改

将第二十五条第三款修改为："供电营业区的设立、变更，由供电企业提出申请，电力管理部门依据职责和管理权限，会同同级有关部门审查批准后，发给《电力业务许可证》。供电营业区设立、变更的具体办法，由国务院电力管理部门制定。"

二、对《中华人民共和国高等教育法》作出修改

将第十七条中的"高等学校根据实际需要，报主管的教育行政部门批准，可以对本学校的修业年限作出调整"修改为"高等学校根据实际需要，可以对本学校的修业年限作出调整"。

三、对《中华人民共和国港口法》作出修改

（一）将第二十五条修改为：“国务院交通主管部门应当制定港口理货服务标准和规范。

“经营港口理货业务，应当按照规定报港口行政管理部门备案。

“港口理货业务经营人应当公正、准确地办理理货业务；不得兼营本法第二十二条第三款规定的货物装卸经营业务和仓储经营业务。”

（二）增加一条，作为第四十五条：“港口经营人、港口理货业务经营人有本法规定的违法行为的，依照有关法律、行政法规的规定纳入信用记录，并予以公示。”

（三）将第四十八条改为第四十九条，修改为：“未依法取得港口经营许可证从事港口经营，或者港口理货业务经营人兼营货物装卸经营业务、仓储经营业务的，由港口行政管理部门责令停止违法经营，没收违法所得；违法所得十万元以上的，并处违法所得二倍以上五倍以下罚款；违法所得不足十万元的，处五万元以上二十万元以下罚款。”

（四）将第五十六条改为第五十七条，删去该条第二项中的“或者港口理货业务经营许可”、第三项中的“港口理货业务经营人”、第四项中的“港口理货”。

四、对《中华人民共和国企业所得税法》作出修改

将第五十一条第一款中的“非居民企业在中国境内设立两个或者两个以上机构、场所的，经税务机关审核批准”修改为“非居民企业在中国境内设立两个或者两个以上机构、场所，符合国务院税务主管部门规定条件的”。

本决定自公布之日起施行。

《中华人民共和国电力法》《中华人民共和国高等教育法》《中华人民共和国港口法》《中华人民共和国企业所得税法》根据本决定作相应修改，重新公布。

中华人民共和国主席令

第二十四号

《全国人民代表大会常务委员会关于修改〈中华人民共和国劳动法〉等七部法律的决定》已由中华人民共和国第十三届全国人民代表大会常务委员会第七次会议于2018年12月29日通过，现予公布，自公布之日起施行。

中华人民共和国主席　习近平

2018年12月29日

全国人民代表大会常务委员会关于修改《中华人民共和国劳动法》等七部法律的决定

（2018年12月29日第十三届全国人民代表大会常务委员会第七次会议通过）

第十三届全国人民代表大会常务委员会第七次会议决定：

一、对《中华人民共和国劳动法》作出修改

（一）将第十五条第二款中的“必须依照国家有关规定，履行审批手续”修改为“必须遵守国家有关规定”。

（二）将第六十九条中的“由经过政府批准的考核鉴定机构”修改为“由经备案的考核鉴定机构”。

（三）将第九十四条中的“工商行政管理部门”修改为“市场监督管理部门”。

二、对《中华人民共和国老年人权益保障法》作出修改

（一）删去第四十三条。

（二）将第四十四条改为第四十三条，修改为：“设立公益性养老机构，应当依法办理相应的登记。

“设立经营性养老机构，应当在市场监督管理部门办理登记。

“养老机构登记后即可开展服务活动，并向县级以上人民政府民政部门备案。”

（三）增加一条，作为第四十四条：“地方各级人民政府加强对本行政区域养老机构管理工作的领导，建立养老机构综合监管制度。

“县级以上人民政府民政部门负责养老机构的指导、监督和管理，其他有关部门依照职责分工对养老机构实施监督。”

（四）增加一条，作为第四十五条：“县级以上人民政府民政部门依法履行监督检查职责，可以采取下列措施：

“（一）向养老机构和个人了解情况；

“（二）进入涉嫌违法的养老机构进行现场检查；

“（三）查阅或者复制有关合同、票据、账簿及其他有关资料；

“（四）发现养老机构存在可能危及人身健康和生命财产安全风险的，责令限期改正，逾期不改正的，责令停业整顿。

“县级以上人民政府民政部门调查养老机构涉嫌违法的行为，应当遵守《中华人民共和国行政强制法》和其他有关法律、行政法规的规定。”

（五）删去第七十八条。

三、对《中华人民共和国环境噪声污染防治法》作出修改

（一）将第六条、第十条第一款、第十一条、第十三条第二款、第十五条、第十七条第三款、第二十条、第二十一条第一款、第二十四条第一款、第二十九条、第四十二条、第四十九条、第五十条、第五十一条、第五十二条第二款、第五十五条、第五十六条、第五十九条、第六十条第二款、第六十一条第二款中的“环境保护行政主管部门”修改为“生态环境主管部门”。

（二）将第十四条第二款中的“经原审批环境影响报告书的环

境保护行政主管部门验收”修改为“按照国家规定的标准和程序进行验收”。

（三）将第四十三条第一款中的“工商行政管理部门”修改为“市场监督管理部门”。

（四）将第四十八条中的“由批准该建设项目的环境影响报告书的环境保护行政主管部门责令停止生产或者使用，可以并处罚款”修改为“由县级以上生态环境主管部门责令限期改正，并对单位和个人处以罚款；造成重大环境污染或者生态破坏的，责令停止生产或者使用，或者报经有批准权的人民政府批准，责令关闭”。

四、对《中华人民共和国环境影响评价法》作出修改

（一）将第六条第二款、第九条、第十三条、第十六条第三款、第十七条第二款、第二十二条第一款、第二十三条、第三十一条、第三十四条中的“环境保护行政主管部门”修改为“生态环境主管部门”。

（二）将第十九条修改为：“建设单位可以委托技术单位对其建设项目开展环境影响评价，编制建设项目环境影响报告书、环境影响报告表；建设单位具备环境影响评价技术能力的，可以自行对其建设项目开展环境影响评价，编制建设项目环境影响报告书、环境影响报告表。

“编制建设项目环境影响报告书、环境影响报告表应当遵守国家有关环境影响评价标准、技术规范等规定。

“国务院生态环境主管部门应当制定建设项目环境影响报告书、环境影响报告表编制的能力建设指南和监管办法。

“接受委托为建设单位编制建设项目环境影响报告书、环境影响报告表的技术单位，不得与负责审批建设项目环境影响报告书、环境影响报告表的生态环境主管部门或者其他有关审批部门存在任何利益关系。”

（三）将第二十条修改为：“建设单位应当对建设项目环境影

响报告书、环境影响报告表的内容和结论负责，接受委托编制建设项目环境影响报告书、环境影响报告表的技术单位对其编制的建设项目环境影响报告书、环境影响报告表承担相应责任。

“设区的市级以上人民政府生态环境主管部门应当加强对建设项目环境影响报告书、环境影响报告表编制单位的监督管理和质量考核。

“负责审批建设项目环境影响报告书、环境影响报告表的生态环境主管部门应当将编制单位、编制主持人和主要编制人员的相关违法信息记入社会诚信档案，并纳入全国信用信息共享平台和国家企业信用信息公示系统向社会公布。

“任何单位和个人不得为建设单位指定编制建设项目环境影响报告书、环境影响报告表的技术单位。”

（四）将第二十八条修改为：“生态环境主管部门应当对建设项目投入生产或者使用后所产生的环境影响进行跟踪检查，对造成严重环境污染或者生态破坏的，应当查清原因、查明责任。对属于建设项目环境影响报告书、环境影响报告表存在基础资料明显不实，内容存在重大缺陷、遗漏或者虚假，环境影响评价结论不正确或者不合理等严重质量问题的，依照本法第三十二条的规定追究建设单位及其相关责任人员和接受委托编制建设项目环境影响报告书、环境影响报告表的技术单位及其相关人员的法律责任；属于审批部门工作人员失职、渎职，对依法不应批准的建设项目环境影响报告书、环境影响报告表予以批准的，依照本法第三十四条的规定追究其法律责任。”

（五）将第三十二条修改为：“建设项目环境影响报告书、环境影响报告表存在基础资料明显不实，内容存在重大缺陷、遗漏或者虚假，环境影响评价结论不正确或者不合理等严重质量问题的，由设区的市级以上人民政府生态环境主管部门对建设单位处五十万元以上二百万元以下的罚款，并对建设单位的法定代表人、主要负责人、直接负责的主管人员和其他直接责任人员，处五万元以上二十万元以下的罚款。

“接受委托编制建设项目环境影响报告书、环境影响报告表的技术单位违反国家有关环境影响评价标准和技术规范等规定，致使其编制的建设项目环境影响报告书、环境影响报告表存在基础资料明显不实，内容存在重大缺陷、遗漏或者虚假，环境影响评价结论不正确或者不合理等严重质量问题的，由设区的市级以上人民政府生态环境主管部门对技术单位处所收费用三倍以上五倍以下的罚款；情节严重的，禁止从事环境影响报告书、环境影响报告表编制工作；有违法所得的，没收违法所得。

“编制单位有本条第一款、第二款规定的违法行为的，编制主持人和主要编制人员五年内禁止从事环境影响报告书、环境影响报告表编制工作；构成犯罪的，依法追究刑事责任，并终身禁止从事环境影响报告书、环境影响报告表编制工作。”

五、对《中华人民共和国民办教育促进法》作出修改

（一）将第二十六条第二款中的“经政府批准的职业技能鉴定机构”修改为“经备案的职业技能鉴定机构”。

（二）将第六十四条中的“工商行政管理”修改为“市场监督管理”。

六、对《中华人民共和国民用航空法》作出修改

（一）将第六十二条修改为：“国务院民用航空主管部门规定的对公众开放的民用机场应当取得机场使用许可证，方可开放使用。其他民用机场应当按照国务院民用航空主管部门的规定进行备案。

“申请取得机场使用许可证，应当具备下列条件，并按照国家规定经验收合格：

“（一）具备与其运营业务相适应的飞行区、航站区、工作区以及服务设施和人员；

“（二）具备能够保障飞行安全的空中交通管制、通信导航、气象等设施和人员；

“（三）具备符合国家规定的安全保卫条件；

“（四）具备处理特殊情况的应急计划以及相应的设施和人员；

“（五）具备国务院民用航空主管部门规定的其他条件。

“国际机场还应当具备国际通航条件，设立海关和其他口岸检查机关。”

（二）删去第一百零三条中的“检疫”。

（三）在第二百一十三条后增加一条，作为第二百一十四条：“国务院、中央军事委员会对无人驾驶航空器的管理另有规定的，从其规定。”

七、对《中华人民共和国职业病防治法》作出修改

（一）删去第二条第三款、第九条、第十五条、第二十九条第二款、第三十五条第一款、第六十七条、第八十二条中的“安全生产监督管理部门”，第十六条第三款中的“会同国务院安全生产监督管理部门”，第五十条中的“和安全生产监督管理部门”。

（二）将第十六条、第十七条第四款、第十八条第四款、第二十六条、第二十七条、第三十七条第一款、第四十七条、第四十八条、第六十三条、第六十四条、第七十条、第七十一条、第七十二条、第七十三条、第七十五条、第七十七条中的“安全生产监督管理部门”修改为“卫生行政部门”；将第六十一条第一款中的“民政部门”修改为“医疗保障、民政部门”；将第六十九条中的“安全生产监督管理部门和卫生行政部门依据职责分工”修改为“卫生行政部门”。

（三）将第四十三条第一款修改为：“职业病诊断应当由取得《医疗机构执业许可证》的医疗卫生机构承担。卫生行政部门应当加强对职业病诊断工作的规范管理，具体管理办法由国务院卫生行政部门制定。”

第二款修改为：“承担职业病诊断的医疗卫生机构还应当具备下列条件：

“（一）具有与开展职业病诊断相适应的医疗卫生技术人员；

“（二）具有与开展职业病诊断相适应的仪器、设备；

“（三）具有健全的职业病诊断质量管理制度。”

（四）将第七十九条修改为：“未取得职业卫生技术服务资质认可擅自从事职业卫生技术服务的，由卫生行政部门责令立即停止违法行为，没收违法所得；违法所得五千元以上的，并处违法所得二倍以上十倍以下的罚款；没有违法所得或者违法所得不足五千元的，并处五千元以上五万元以下的罚款；情节严重的，对直接负责的主管人员和其他直接责任人员，依法给予降级、撤职或者开除的处分。”

（五）将第八十条修改为：“从事职业卫生技术服务的机构和承担职业病诊断的医疗卫生机构违反本法规定，有下列行为之一的，由卫生行政部门责令立即停止违法行为，给予警告，没收违法所得；违法所得五千元以上的，并处违法所得二倍以上五倍以下的罚款；没有违法所得或者违法所得不足五千元的，并处五千元以上二万元以下的罚款；情节严重的，由原认可或者登记机关取消其相应的资格；对直接负责的主管人员和其他直接责任人员，依法给予降级、撤职或者开除的处分；构成犯罪的，依法追究刑事责任：

“（一）超出资质认可或者诊疗项目登记范围从事职业卫生技术服务或者职业病诊断的；

“（二）不按照本法规定履行法定职责的；

“（三）出具虚假证明文件的。”

本决定自公布之日起施行。

《中华人民共和国劳动法》《中华人民共和国老年人权益保障法》《中华人民共和国环境噪声污染防治法》《中华人民共和国环境影响评价法》《中华人民共和国民办教育促进法》《中华人民共和国民用航空法》《中华人民共和国职业病防治法》根据本决定作相应修改，重新公布。

中华人民共和国主席令

第二十五号

《全国人民代表大会常务委员会关于修改〈中华人民共和国社会保险法〉的决定》已由中华人民共和国第十三届全国人民代表大会常务委员会第七次会议于2018年12月29日通过，现予公布，自公布之日起施行。

中华人民共和国主席　习近平

2018年12月29日

全国人民代表大会常务委员会关于修改《中华人民共和国社会保险法》的决定

（2018年12月29日第十三届全国人民代表大会常务委员会第七次会议通过）

第十三届全国人民代表大会常务委员会第七次会议决定对《中华人民共和国社会保险法》作如下修改：

一、将第五十七条中的“工商行政管理部门”修改为“市场监督管理部门”。

二、将第六十四条第一款中的“各项社会保险基金按照社会保险险种分别建账，分账核算，执行国家统一的会计制度”修改为“除基本医疗保险基金与生育保险基金合并建账及核算外，其他各项社会保险基金按照社会保险险种分别建账，分账核算。社会保险基金执行国家统一的会计制度”。

三、将第六十六条中的“社会保险基金预算按照社会保险项目分别编制”修改为“除基本医疗保险基金与生育保险基金预算合并编制外，其他社会保险基金预算按照社会保险项目分别编制”。

本决定自公布之日起施行。

《中华人民共和国社会保险法》根据本决定作相应修改，重新公布。

行政法规及法规性文件

专利代理条例

（2018 年 11 月 6 日国务院令第 706 号公布）

第一章　总　　则

第一条　为了规范专利代理行为，保障委托人、专利代理机构和专利代理师的合法权益，维护专利代理活动的正常秩序，促进专利代理行业健康发展，根据《中华人民共和国专利法》，制定本条例。

第二条　本条例所称专利代理，是指专利代理机构接受委托，以委托人的名义在代理权限范围内办理专利申请、宣告专利权无效等专利事务的行为。

第三条　任何单位和个人可以自行在国内申请专利和办理其他专利事务，也可以委托依法设立的专利代理机构办理，法律另有规定的除外。

专利代理机构应当按照委托人的委托办理专利事务。

第四条　专利代理机构和专利代理师执业应当遵守法律、行政法规，恪守职业道德、执业纪律，维护委托人的合法权益。

专利代理机构和专利代理师依法执业受法律保护。

第五条　国务院专利行政部门负责全国的专利代理管理工作。

省、自治区、直辖市人民政府管理专利工作的部门负责本行政区域内的专利代理管理工作。

第六条　专利代理机构和专利代理师可以依法成立和参加专利代理行业组织。

专利代理行业组织应当制定专利代理行业自律规范。专利代理行业自律规范不得与法律、行政法规相抵触。

国务院专利行政部门依法对专利代理行业组织进行监督、指导。

第二章　专利代理机构和专利代理师

第七条　专利代理机构的组织形式应当为合伙企业、有限责任公司等。

第八条　合伙企业、有限责任公司形式的专利代理机构从事专利代理业务应当具备下列条件：

（一）有符合法律、行政法规规定的专利代理机构名称；

（二）有书面合伙协议或者公司章程；

（三）有独立的经营场所；

（四）合伙人、股东符合国家有关规定。

第九条　从事专利代理业务，应当向国务院专利行政部门提出申请，提交有关材料，取得专利代理机构执业许可证。国务院专利行政部门应当自受理申请之日起 20 日内作出是否颁发专利代理机构执业许可证的决定。

专利代理机构合伙人、股东或者法定代表人等事项发生变化的，应当办理变更手续。

第十条　具有高等院校理工科专业专科以上学历的中国公民可以参加全国专利代理师资格考试；考试合格的，由国务院专利行政部门颁发专利代理师资格证。专利代理师资格考试办法由国务院专利行政部门制定。

第十一条　专利代理师执业应当取得专利代理师资格证，在专利代理机构实习满 1 年，并在一家专利代理机构从业。

第十二条　专利代理师首次执业，应当自执业之日起 30 日内向专利代理机构所在地省、自治区、直辖市人民政府管理专利工作的部门备案。

省、自治区、直辖市人民政府管理专利工作的部门应当为专利代理师通过互联网备案提供方便。

第三章　专利代理执业

第十三条　专利代理机构可以接受委托，代理专利申请、宣告专利权无效、转让专利申请权或者专利权以及订立专利实施许可合同等专利事务，也可以应当事人要求提供专利事务方面的咨询。

第十四条　专利代理机构接受委托，应当与委托人订立书面委托合同。专利代理机构接受委托后，不得就同一专利申请或者专利权的事务接受有利益冲突的其他当事人的委托。

专利代理机构应当指派在本机构执业的专利代理师承办专利代理业务，指派的专利代理师本人及其近亲属不得与其承办的专利代理业务有利益冲突。

第十五条　专利代理机构解散或者被撤销、吊销执业许可证的，应当妥善处理各种尚未办结的专利代理业务。

第十六条　专利代理师应当根据专利代理机构的指派承办专利代理业务，不得自行接受委托。

专利代理师不得同时在两个以上专利代理机构从事专利代理业务。

专利代理师对其签名办理的专利代理业务负责。

第十七条　专利代理机构和专利代理师对其在执业过程中了解的发明创造的内容，除专利申请已经公布或者公告的以外，负有保守秘密的义务。

第十八条　专利代理机构和专利代理师不得以自己的名义申请专利或者请求宣告专利权无效。

第十九条　国务院专利行政部门和地方人民政府管理专利工作的部门的工作人员离职后，在法律、行政法规规定的期限内不得从事专利代理工作。

曾在国务院专利行政部门或者地方人民政府管理专利工作的部门任职的专利代理师，不得对其审查、审理或者处理过的专利申请或专利案件进行代理。

第二十条 专利代理机构收费应当遵循自愿、公平和诚实信用原则，兼顾经济效益和社会效益。

国家鼓励专利代理机构和专利代理师为小微企业以及无收入或者低收入的发明人、设计人提供专利代理援助服务。

第二十一条 专利代理行业组织应当加强对会员的自律管理，组织开展专利代理师业务培训和职业道德、执业纪律教育，对违反行业自律规范的会员实行惩戒。

第二十二条 国务院专利行政部门和省、自治区、直辖市人民政府管理专利工作的部门应当采取随机抽查等方式，对专利代理机构和专利代理师的执业活动进行检查、监督，发现违反本条例规定的，及时依法予以处理，并向社会公布检查、处理结果。检查不得收取任何费用。

第二十三条 国务院专利行政部门和省、自治区、直辖市人民政府管理专利工作的部门应当加强专利代理公共信息发布，为公众了解专利代理机构经营情况、专利代理师执业情况提供查询服务。

第四章 法律责任

第二十四条 以隐瞒真实情况、弄虚作假手段取得专利代理机构执业许可证、专利代理师资格证的，由国务院专利行政部门撤销专利代理机构执业许可证、专利代理师资格证。

专利代理机构取得执业许可证后，因情况变化不再符合本条例规定的条件的，由国务院专利行政部门责令限期整改；逾期未改正或者整改不合格的，撤销执业许可证。

第二十五条 专利代理机构有下列行为之一的，由省、自治区、直辖市人民政府管理专利工作的部门责令限期改正，予以警告，可以处 10 万元以下的罚款；情节严重或者逾期未改正的，由国务院专利行政部门责令停止承接新的专利代理业务 6 个月至 12 个月，直至吊销专利代理机构执业许可证：

（一）合伙人、股东或者法定代表人等事项发生变化未办理变更手续；

（二）就同一专利申请或者专利权的事务接受有利益冲突的其他当事人的委托；

（三）指派专利代理师承办与其本人或者其近亲属有利益冲突的专利代理业务；

（四）泄露委托人的发明创造内容，或者以自己的名义申请专利或请求宣告专利权无效；

（五）疏于管理，造成严重后果。

专业代理机构在执业过程中泄露委托人的发明创造内容，涉及泄露国家秘密、侵犯商业秘密的，或者向有关行政、司法机关的工作人员行贿，提供虚假证据的，依照有关法律、行政法规的规定承担法律责任；由国务院专利行政部门吊销专利代理机构执业许可证。

第二十六条 专利代理师有下列行为之一的，由省、自治区、直辖市人民政府管理专利工作的部门责令限期改正，予以警告，可以处 5 万元以下的罚款；情节严重或者逾期未改正的，由国务院专利行政部门责令停止承办新的专利代理业务 6 个月至 12 个月，直至吊销专利代理师资格证：

（一）未依照本条例规定进行备案；

（二）自行接受委托办理专利代理业务；

（三）同时在两个以上专利代理机构从事专利代理业务；

（四）违反本条例规定对其审查、审理或者处理过的专利申请或专利案件进行代理；

（五）泄露委托人的发明创造内容，或者以自己的名义申请专利或请求宣告专利权无效。

专利代理师在执业过程中泄露委托人的发明创造内容，涉及泄露国家秘密、侵犯商业秘密的，或者向有关行政、司法机关的工作人员行贿，提供虚假证据的，依照有关法律、行政法规的规定承担法律责任；由国务院专利行政部门吊销专利代理师资格证。

第二十七条 违反本条例规定擅自开展专利代理业务的，由省、自治区、直辖市人民政府管理专利工作的部门责令停止违法行为，没收违法所得，并处违法所得1倍以上5倍以下的罚款。

第二十八条 国务院专利行政部门或者省、自治区、直辖市人民政府管理专利工作的部门的工作人员违反本条例规定，滥用职权、玩忽职守、徇私舞弊的，依法给予处分；构成犯罪的，依法追究刑事责任。

第五章 附 则

第二十九条 外国专利代理机构在中华人民共和国境内设立常驻代表机构，须经国务院专利行政部门批准。

第三十条 律师事务所可以依据《中华人民共和国律师法》、《中华人民共和国民事诉讼法》等法律、行政法规开展与专利有关的业务，但从事代理专利申请、宣告专利权无效业务应当遵守本条例规定，具体办法由国务院专利行政部门商国务院司法行政部门另行制定。

第三十一条 代理国防专利事务的专利代理机构和专利代理师的管理办法，由国务院专利行政部门商国家国防专利机构主管机关另行制定。

第三十二条 本条例自2019年3月1日起施行。

本条例施行前依法设立的专利代理机构以及依法执业的专利代理人，在本条例施行后可以继续以专利代理机构、专利代理师的名义开展专利代理业务。

中华人民共和国个人所得税法实施条例

（1994年1月28日中华人民共和国国务院令第142号发布　根据2005年12月19日《国务院关于修改〈中华人民共和国个人所得税法实施条例〉的决定》第一次修订　根据2008年2月18日《国务院关于修改〈中华人民共和国个人所得税法实施条例〉的决定》第二次修订　根据2011年7月19日《国务院关于修改〈中华人民共和国个人所得税法实施条例〉的决定》第三次修订　2018年12月18日中华人民共和国国务院令第707号第四次修订）

第一条　根据《中华人民共和国个人所得税法》（以下简称个人所得税法），制定本条例。

第二条　个人所得税法所称在中国境内有住所，是指因户籍、家庭、经济利益关系而在中国境内习惯性居住；所称从中国境内和境外取得的所得，分别是指来源于中国境内的所得和来源于中国境外的所得。

第三条　除国务院财政、税务主管部门另有规定外，下列所得，不论支付地点是否在中国境内，均为来源于中国境内的所得：

（一）因任职、受雇、履约等在中国境内提供劳务取得的所得；

（二）将财产出租给承租人在中国境内使用而取得的所得；

（三）许可各种特许权在中国境内使用而取得的所得；

（四）转让中国境内的不动产等财产或者在中国境内转让其他财产取得的所得；

（五）从中国境内企业、事业单位、其他组织以及居民个人取得的利息、股息、红利所得。

第四条 在中国境内无住所的个人，在中国境内居住累计满183天的年度连续不满六年的，经向主管税务机关备案，其来源于中国境外且由境外单位或者个人支付的所得，免予缴纳个人所得税；在中国境内居住累计满183天的任一年度中有一次离境超过30天的，其在中国境内居住累计满183天的年度的连续年限重新起算。

第五条 在中国境内无住所的个人，在一个纳税年度内在中国境内居住累计不超过90天的，其来源于中国境内的所得，由境外雇主支付并且不由该雇主在中国境内的机构、场所负担的部分，免予缴纳个人所得税。

第六条 个人所得税法规定的各项个人所得的范围：

（一）工资、薪金所得，是指个人因任职或者受雇取得的工资、薪金、奖金、年终加薪、劳动分红、津贴、补贴以及与任职或者受雇有关的其他所得。

（二）劳务报酬所得，是指个人从事劳务取得的所得，包括从事设计、装潢、安装、制图、化验、测试、医疗、法律、会计、咨询、讲学、翻译、审稿、书画、雕刻、影视、录音、录像、演出、表演、广告、展览、技术服务、介绍服务、经纪服务、代办服务以及其他劳务取得的所得。

（三）稿酬所得，是指个人因其作品以图书、报刊等形式出版、发表而取得的所得。

（四）特许权使用费所得，是指个人提供专利权、商标权、著作权、非专利技术以及其他特许权的使用权取得的所得；提供著作权的使用权取得的所得，不包括稿酬所得。

（五）经营所得，是指：

1. 个体工商户从事生产、经营活动取得的所得，个人独资企业投资人、合伙企业的个人合伙人来源于境内注册的个人独资企业、合伙企业生产、经营的所得；

2. 个人依法从事办学、医疗、咨询以及其他有偿服务活动取得的所得；

3. 个人对企业、事业单位承包经营、承租经营以及转包、转租取得的所得；

4. 个人从事其他生产、经营活动取得的所得。

（六）利息、股息、红利所得，是指个人拥有债权、股权等而取得的利息、股息、红利所得。

（七）财产租赁所得，是指个人出租不动产、机器设备、车船以及其他财产取得的所得。

（八）财产转让所得，是指个人转让有价证券、股权、合伙企业中的财产份额、不动产、机器设备、车船以及其他财产取得的所得。

（九）偶然所得，是指个人得奖、中奖、中彩以及其他偶然性质的所得。

个人取得的所得，难以界定应纳税所得项目的，由国务院税务主管部门确定。

第七条 对股票转让所得征收个人所得税的办法，由国务院另行规定，并报全国人民代表大会常务委员会备案。

第八条 个人所得的形式，包括现金、实物、有价证券和其他形式的经济利益；所得为实物的，应当按照取得的凭证上所注明的价格计算应纳税所得额，无凭证的实物或者凭证上所注明的价格明显偏低的，参照市场价格核定应纳税所得额；所得为有价证券的，根据票面价格和市场价格核定应纳税所得额；所得为其他形式的经济利益的，参照市场价格核定应纳税所得额。

第九条 个人所得税法第四条第一款第二项所称国债利息，是指个人持有中华人民共和国财政部发行的债券而取得的利息；所称国家发行的金融债券利息，是指个人持有经国务院批准发行的金融债券而取得的利息。

第十条 个人所得税法第四条第一款第三项所称按照国家统一

规定发给的补贴、津贴，是指按照国务院规定发给的政府特殊津贴、院士津贴，以及国务院规定免予缴纳个人所得税的其他补贴、津贴。

第十一条 个人所得税法第四条第一款第四项所称福利费，是指根据国家有关规定，从企业、事业单位、国家机关、社会组织提留的福利费或者工会经费中支付给个人的生活补助费；所称救济金，是指各级人民政府民政部门支付给个人的生活困难补助费。

第十二条 个人所得税法第四条第一款第八项所称依照有关法律规定应予免税的各国驻华使馆、领事馆的外交代表、领事官员和其他人员的所得，是指依照《中华人民共和国外交特权与豁免条例》和《中华人民共和国领事特权与豁免条例》规定免税的所得。

第十三条 个人所得税法第六条第一款第一项所称依法确定的其他扣除，包括个人缴付符合国家规定的企业年金、职业年金，个人购买符合国家规定的商业健康保险、税收递延型商业养老保险的支出，以及国务院规定可以扣除的其他项目。

专项扣除、专项附加扣除和依法确定的其他扣除，以居民个人一个纳税年度的应纳税所得额为限额；一个纳税年度扣除不完的，不结转以后年度扣除。

第十四条 个人所得税法第六条第一款第二项、第四项、第六项所称每次，分别按照下列方法确定：

（一）劳务报酬所得、稿酬所得、特许权使用费所得，属于一次性收入的，以取得该项收入为一次；属于同一项目连续性收入的，以一个月内取得的收入为一次。

（二）财产租赁所得，以一个月内取得的收入为一次。

（三）利息、股息、红利所得，以支付利息、股息、红利时取得的收入为一次。

（四）偶然所得，以每次取得该项收入为一次。

第十五条 个人所得税法第六条第一款第三项所称成本、费用，是指生产、经营活动中发生的各项直接支出和分配计入成本的间接费用以及销售费用、管理费用、财务费用；所称损失，是指生产、经营活动中发生的固定资产和存货的盘亏、毁损、报废损失，转让财产损失，坏账损失，自然灾害等不可抗力因素造成的损失以及其他损失。

取得经营所得的个人，没有综合所得的，计算其每一纳税年度的应纳税所得额时，应当减除费用6万元、专项扣除、专项附加扣除以及依法确定的其他扣除。专项附加扣除在办理汇算清缴时减除。

从事生产、经营活动，未提供完整、准确的纳税资料，不能正确计算应纳税所得额的，由主管税务机关核定应纳税所得额或者应纳税额。

第十六条 个人所得税法第六条第一款第五项规定的财产原值，按照下列方法确定：

(一)有价证券，为买入价以及买入时按照规定交纳的有关费用；

(二) 建筑物，为建造费或者购进价格以及其他有关费用；

(三) 土地使用权，为取得土地使用权所支付的金额、开发土地的费用以及其他有关费用；

(四) 机器设备、车船，为购进价格、运输费、安装费以及其他有关费用。

其他财产，参照前款规定的方法确定财产原值。

纳税人未提供完整、准确的财产原值凭证，不能按照本条第一款规定的方法确定财产原值的，由主管税务机关核定财产原值。

个人所得税法第六条第一款第五项所称合理费用，是指卖出财产时按照规定支付的有关税费。

第十七条 财产转让所得，按照一次转让财产的收入额减除财产原值和合理费用后的余额计算纳税。

第十八条 两个以上的个人共同取得同一项目收入的，应当对每个人取得的收入分别按照个人所得税法的规定计算纳税。

第十九条 个人所得税法第六条第三款所称个人将其所得对教育、扶贫、济困等公益慈善事业进行捐赠，是指个人将其所得通过中国境内的公益性社会组织、国家机关向教育、扶贫、济困等公益慈善事业的捐赠；所称应纳税所得额，是指计算扣除捐赠额之前的应纳税所得额。

第二十条 居民个人从中国境内和境外取得的综合所得、经营所得，应当分别合并计算应纳税额；从中国境内和境外取得的其他所得，应当分别单独计算应纳税额。

第二十一条 个人所得税法第七条所称已在境外缴纳的个人所得税税额，是指居民个人来源于中国境外的所得，依照该所得来源国家（地区）的法律应当缴纳并且实际已经缴纳的所得税税额。

个人所得税法第七条所称纳税人境外所得依照本法规定计算的应纳税额，是居民个人抵免已在境外缴纳的综合所得、经营所得以及其他所得的所得税税额的限额（以下简称抵免限额）。除国务院财政、税务主管部门另有规定外，来源于中国境外一个国家（地区）的综合所得抵免限额、经营所得抵免限额以及其他所得抵免限额之和，为来源于该国家（地区）所得的抵免限额。

居民个人在中国境外一个国家（地区）实际已经缴纳的个人所得税税额，低于依照前款规定计算出的来源于该国家（地区）所得的抵免限额的，应当在中国缴纳差额部分的税款；超过来源于该国家（地区）所得的抵免限额的，其超过部分不得在本纳税年度的应纳税额中抵免，但是可以在以后纳税年度来源于该国家（地区）所得的抵免限额的余额中补扣。补扣期限最长不得超过五年。

第二十二条 居民个人申请抵免已在境外缴纳的个人所得税税额，应当提供境外税务机关出具的税款所属年度的有关纳税凭证。

第二十三条 个人所得税法第八条第二款规定的利息，应当按照税款所属纳税申报期最后一日中国人民银行公布的与补税期间同期的人民币贷款基准利率计算，自税款纳税申报期满次日起至补缴税款期限届满之日止按日加收。纳税人在补缴税款期限届满前补缴税款的，利息加收至补缴税款之日。

第二十四条 扣缴义务人向个人支付应税款项时，应当依照个人所得税法规定预扣或者代扣税款，按时缴库，并专项记载备查。

前款所称支付，包括现金支付、汇拨支付、转账支付和以有价证券、实物以及其他形式的支付。

第二十五条 取得综合所得需要办理汇算清缴的情形包括：

（一）从两处以上取得综合所得，且综合所得年收入额减除专项扣除的余额超过6万元；

（二）取得劳务报酬所得、稿酬所得、特许权使用费所得中一项或者多项所得，且综合所得年收入额减除专项扣除的余额超过6万元；

（三）纳税年度内预缴税额低于应纳税额；

（四）纳税人申请退税。

纳税人申请退税，应当提供其在中国境内开设的银行账户，并在汇算清缴地就地办理税款退库。

汇算清缴的具体办法由国务院税务主管部门制定。

第二十六条 个人所得税法第十条第二款所称全员全额扣缴申报，是指扣缴义务人在代扣税款的次月十五日内，向主管税务机关报送其支付所得的所有个人的有关信息、支付所得数额、扣除事项和数额、扣缴税款的具体数额和总额以及其他相关涉税信息资料。

第二十七条 纳税人办理纳税申报的地点以及其他有关事项的具体办法，由国务院税务主管部门制定。

第二十八条 居民个人取得工资、薪金所得时，可以向扣缴义务人提供专项附加扣除有关信息，由扣缴义务人扣缴税款时减除专项附加扣除。纳税人同时从两处以上取得工资、薪金所得，并由扣缴义务人减除专项附加扣除的，对同一专项附加扣除项目，在一个纳税年度内只能选择从一处取得的所得中减除。

居民个人取得劳务报酬所得、稿酬所得、特许权使用费所得，应当在汇算清缴时向税务机关提供有关信息，减除专项附加扣除。

第二十九条 纳税人可以委托扣缴义务人或者其他单位和个人办理汇算清缴。

第三十条 扣缴义务人应当按照纳税人提供的信息计算办理扣缴申报，不得擅自更改纳税人提供的信息。

纳税人发现扣缴义务人提供或者扣缴申报的个人信息、所得、扣缴税款等与实际情况不符的，有权要求扣缴义务人修改。扣缴义务人拒绝修改的，纳税人应当报告税务机关，税务机关应当及时处理。

纳税人、扣缴义务人应当按照规定保存与专项附加扣除相关的资料。税务机关可以对纳税人提供的专项附加扣除信息进行抽查，具体办法由国务院税务主管部门另行规定。税务机关发现纳税人提供虚假信息的，应当责令改正并通知扣缴义务人；情节严重的，有关部门应当依法予以处理，纳入信用信息系统并实施联合惩戒。

第三十一条 纳税人申请退税时提供的汇算清缴信息有错误的，税务机关应当告知其更正；纳税人更正的，税务机关应当及时办理退税。

扣缴义务人未将扣缴的税款解缴入库的，不影响纳税人按照规定申请退税，税务机关应当凭纳税人提供的有关资料办理退税。

第三十二条 所得为人民币以外货币的，按照办理纳税申报或者扣缴申报的上一月最后一日人民币汇率中间价，折合成人民币计算应纳税所得额。年度终了后办理汇算清缴的，对已经按月、按季或者按次预缴税款的人民币以外货币所得，不再重新折算；对应当补缴税款的所得部分，按照上一纳税年度最后一日人民币汇率中间价，折合成人民币计算应纳税所得额。

第三十三条 税务机关按照个人所得税法第十七条的规定付给扣缴义务人手续费，应当填开退还书；扣缴义务人凭退还书，按照国库管理有关规定办理退库手续。

第三十四条 个人所得税纳税申报表、扣缴个人所得税报告表和个人所得税完税凭证式样，由国务院税务主管部门统一制定。

第三十五条 军队人员个人所得税征收事宜，按照有关规定执行。

第三十六条 本条例自 2019 年 1 月 1 日起施行。

部门规章及相关文件

政府制定价格听证办法

（2018 年 12 月 10 日国家发展和改革委员会令第 21 号公布）

第一章　总　　则

第一条　为规范政府制定价格听证行为，提高政府制定价格的民主性、科学性和透明度，根据《中华人民共和国价格法》，制定本办法。

第二条　本办法所称政府制定价格听证（以下简称定价听证），是指定价机关依法制定（含调整，下同）政府指导价、政府定价的价格水平或者定价机制过程中，由政府价格主管部门采取听证会形式，征求经营者、消费者和有关方面的意见，对制定价格的必要性、可行性、合理性进行论证的活动。

前款所称定价机关，包括有定价权的省、自治区、直辖市（以下统称省级）以上人民政府价格主管部门、有关部门和经省级人民政府授权的市、县人民政府。

前款所称定价机制，是指与列入定价听证目录的定价项目价格水平确定直接相关的定价办法、公式等。

第三条　制定关系群众切身利益的公用事业价格、公益性服务价格和自然垄断经营的商品和服务价格等政府指导价、政府定价的价格水平，应当实行定价听证。

制定定价机制，应当实行定价听证或者公开征求社会意见。依据已经生效实施的定价机制制定具体价格水平时，可以不再开展定价听证。

听证的具体项目通过定价听证目录确定，容易引发抢购、囤积，造成市场异常波动的商品价格，通过其他方式征求意见，不纳入定价听证目录。

定价听证目录是指由省级以上人民政府价格主管部门依据政府定价目录制定的应当经定价听证的商品和服务清单。定价听证目录应当在听取社会意见的基础上制定、修订并及时公布。法律、法规、规章规定实行定价听证的项目自动进入定价听证目录。

制定定价听证目录以外的政府指导价、政府定价，定价机关认为有必要的，也可以实行定价听证。

第四条 定价听证应当遵循公开、公平、公正、效率的原则。

第五条 听证会应当公开举行，允许旁听和新闻报道，但涉及国家秘密或者商业秘密的除外。

政府价格主管部门可以通过互联网以视频或者文字、图片形式公开听证会内容。

第二章 听证的组织

第六条 定价听证由政府价格主管部门组织。省级以上定价机关制定价格需要听证的，由同级政府价格主管部门组织听证。

省级人民政府授权市、县人民政府制定价格的，由市、县人民政府价格主管部门组织听证。

制定在局部地区执行的价格需要听证的，政府价格主管部门可以委托下级政府价格主管部门组织听证。委托听证的，应当出具书面委托书并予以监督指导。

第七条 政府价格主管部门可以通过政府购买服务等方式，由第三方机构参与定价听证的组织工作。

前款所称第三方机构，是指政府价格主管部门、定价机关、与听证事项直接相关的经营者及其主管单位以外的机构，包括但不限于科研机构、咨询机构等企事业单位和社会组织。

第八条 听证会设听证人，代表政府价格主管部门专门听取听证会意见。

听证人由政府价格主管部门工作人员、定价机关工作人员，以及政府价格主管部门聘请的社会知名人士、专业人士担任。听证会主持人由听证人中的政府价格主管部门的工作人员兼任。

听证人不得少于三人，具体人数及人员构成由政府价格主管部门确定。

第九条 听证人履行下列职责：

（一）听取听证会参加人的意见陈述，并可以询问；

（二）提出听证报告。

第十条 听证会参加人由下列人员构成：

（一）消费者；

（二）经营者；

（三）与定价听证项目有关的其他利益相关方；

（四）相关领域的专家、学者；

（五）政府价格主管部门认为有必要参加听证会的政府部门、社会组织和其他人员。鼓励消费者组织参加听证会。

听证会参加人的人数和人员的构成比例由政府价格主管部门根据听证项目的实际情况确定，其中消费者人数不得少于听证会参加人总数的五分之二。

第十一条 听证会参加人由下列方式产生：

（一）消费者采取自愿报名、随机选取和消费者组织或者其他群众组织推荐相结合的方式；

（二）经营者、与定价听证项目有关的其他利益相关方采取自愿报名、随机选取方式，也可以由政府价格主管部门委托行业组织、政府主管部门推荐；

（三）专家、学者、政府部门、社会组织和其他人员由政府价格主管部门聘请。

随机选取可以结合定价听证项目的特点，根据不同职业、行业、地域等，合理设置类别并分配名额。

政府价格主管部门可以根据听证项目的实际情况规定听证会参加人条件。

定价机关、听证组织部门的工作人员及其近亲属不得担任听证会参加人。

第十二条 听证会参加人的权利和义务：

（一）可以向有关经营者、行业组织、政府主管部门了解与听证事项相关的情况；

（二）出席听证会，就听证事项发表意见、阐明理由；

（三）保守国家秘密和商业秘密，遵守听证会纪律；

（四）因特殊原因不能出席的，应当提前 3 个工作日告知听证组织部门，同时提交书面意见。

第十三条 听证会设记录员。记录员由政府价格主管部门指定的人员担任，如实记录听证会参加人的意见。

第十四条 公开举行的听证会设旁听席。旁听人员由政府价格主管部门根据公民、法人或者其他组织报名情况以及场地情况，确定人数并按照报名顺序选取或者随机抽取。

旁听人员对定价方案有意见的，可以在听证会结束后以书面形式向听证组织部门提出。旁听人员不得在听证会现场发言、提问，不得有妨碍听证秩序的行为。

第十五条 公开举行的听证会设记者席。与会采访的新闻媒体由政府价格主管部门根据新闻媒体报名情况，按照报名顺序选取或者随机抽取。政府价格主管部门可以邀请新闻媒体采访听证会。

第十六条 参与听证会的人员应当遵守宪法和法律法规、遵守公共秩序、尊重社会公德，不得使用不文明用语，不得进行恶意攻击以及有组织的言论煽动，不得恶意片面传播听证发言内容，不得编造、传播虚假信息扰乱经济秩序和社会秩序，不得发表与定价方案无关的内容。

第三章　听证程序

第十七条　定价听证依据下列情况提起：

（一）定价机关是政府价格主管部门的，由政府价格主管部门提起；

（二）定价机关是其他部门的，由该部门向同级政府价格主管部门提起；

（三）定价机关是多个部门的，由牵头部门向同级政府价格主管部门提起；

（四）定价机关是市、县人民政府的，由负责具体定价工作的市、县政府价格主管部门提起，或者由负责具体定价工作的市、县政府有关部门向同级政府价格主管部门提起。

第十八条　定价机关提起定价听证时，应当向政府价格主管部门提交定价方案、与制定价格有关的定价成本监审报告或者成本调查报告，以及经营者按要求公开成本信息的情况、其他相关信息资料。

定价机关和经营者应当确保所提供资料的完整、真实和准确性。

第十九条　定价方案应当包括下列内容：

（一）拟制定价格水平或者定价机制的具体项目；

（二）现行价格和拟制定的价格水平，单位调价额和调价幅度；

（三）拟制定的定价机制主要内容、适用条件；

（四）拟制定价格水平或者定价机制的依据和理由；

（五）拟制定价格水平或者定价机制对经济、社会影响的分析；

（六）其他与制定价格水平或者定价机制有关的资料。

第二十条　听证会举行 30 日前，政府价格主管部门应当通过政府网站、新闻媒体向社会公告以下事项：

（一）定价听证事项；

（二）听证会举行的时间；

（三）听证会参加人、旁听人员、新闻媒体的名额、产生方式及具体报名办法。

拟对听证会进行网络公开的，应当一并公告。

第二十一条 听证会举行 15 日前，政府价格主管部门应当通过政府网站、新闻媒体向社会公告以下事项：

（一）听证会举行的时间、地点；

（二）定价方案；

（三）与制定价格有关的成本监审或者成本调查的办法和结论；

（四）听证人、听证会参加人、旁听人员名单，包括姓名、职业。

听证会同时网络公开的，应当一并公告网址及时间。

第三方机构参与定价听证的组织工作的，应当公布第三方机构的基本信息。

听证会因故取消或推迟举行的，政府价格主管部门应当向社会公告并作出说明。

第二十二条 听证会举行 15 日前，政府价格主管部门应当向听证会参加人送达下列材料：

（一）听证会通知；

（二）定价方案；

（三）与制定价格有关的成本监审或者成本调查报告；

（四）听证会议程；

（五）听证会纪律。

第二十三条 听证会应当在有三分之二以上听证会参加人出席且消费者人数不少于实际出席人数五分之二时举行；出席人数不足或者消费者人数不足的，听证会应当延期举行。

第二十四条 听证会可以一次举行，也可以分次举行。听证会按照下列议程进行：

（一）主持人宣布听证事项和听证会纪律，介绍听证会参加人、听证人；

（二）定价方案提出人陈述定价方案；

（三）定价成本监审人或者成本调查人介绍定价成本监审、成本调查的办法、结论及相关情况；

（四）听证会参加人对定价方案发表意见，进行询问，被询问人应当进行必要的解释说明；

（五）必要时，主持人可以组织听证会参加人围绕主要分歧点进行补充陈述；

（六）主持人总结发言。

第二十五条 听证会参加人应当审阅涉及本人的听证笔录并签字。

第二十六条 听证会举行后，听证人应当根据听证笔录制作听证报告。听证报告包括下列内容：

（一）听证会的基本情况；

（二）听证会参加人对定价方案的意见；

（三）听证人对听证会参加人意见的处理建议，包括对听证会参加人主要意见采纳与不采纳的建议和理由说明；

（四）其他有关情况。

听证人之间对听证会参加人意见的处理建议存在分歧的，应当在听证报告中列明相关听证人的不同意见。

第二十七条 政府价格主管部门应当在听证会举行后 15 日内将听证笔录、听证报告一并提交定价机关。

第二十八条 定价机关作出定价决定时应当充分考虑听证会的意见。

定价机关根据听证会的意见，对定价方案作出修改后，如有必要，可以再次举行听证会，或者采取其他方式征求社会意见。

第二十九条 定价机关需要报请本级人民政府或者上级定价机关批准后才能作出定价决定的，上报定价方案时应当同时提交听证报告。

第三十条 定价机关应当在定价听证结束之日起一年内作出定价决定。逾期未作出定价决定的，应当重新开展定价听证。

开展定价听证后，制定价格的依据发生重大变化的，定价机关应当重新提起定价听证。

第三十一条 定价机关作出定价决定后，应当通过政府网站、新闻媒体向社会公布定价决定和对听证会参加人主要意见的采纳情况及理由。

第三十二条 定价机关可以通过政府网站、新闻媒体就听证事项听取社会各方面的意见。

第三十三条 制定在局部地区执行的价格或者降低价格的，听证会可以采取下列简易程序：

（一）只设主持人；

（二）听证会参加人由消费者、经营者构成；

（三）听证会按照本办法第二十四条第（一）、（四）、（六）项规定的议程进行。

采取简易程序时，公告时限和材料送达时限可以适当缩短。

第三十四条 政府价格主管部门可以参照本办法有关规定，通过互联网试点开展定价网络听证。网络听证的参加人应当实行实名注册。

第四章 法律责任

第三十五条 定价机关制定定价听证目录内商品和服务价格，未举行听证会的，由本级人民政府或者上级政府价格主管部门宣布定价无效，责令改正；对直接负责的主管人员和其他直接责任人员，依法给予行政处分。

第三十六条 政府价格主管部门违反本办法规定程序组织或者举行听证会，情节严重的，由本级人民政府或者上级政府价格主管部门责令改正，给予通报批评；对直接负责的主管人员和其他直接责任人员，依法给予行政处分。

第三十七条 政府价格主管部门、定价机关和第三方机构的工作人员在听证会的组织或者举行过程中，玩忽职守、滥用职权、徇私舞弊的，依法给予行政处分；构成犯罪的，依法追究刑事责任。

第三十八条 参与听证会的其他人员违反听证纪律、妨碍听证秩序情节严重的，记入信用记录，纳入全国信用信息共享平台。

参与听证会的其他人员违反法律法规的，依法追究法律责任。

第五章 附 则

第三十九条 听证经费申请纳入同级财政预算。

第四十条 省级人民政府价格主管部门可以依据本办法制定实施细则。

第四十一条 本办法由国家发展和改革委员会负责解释。

第四十二条 本办法自 2019 年 1 月 10 日起施行。国家发展和改革委员会 2008 年 10 月 15 日发布的《政府制定价格听证办法》（国家发展和改革委员会令第 2 号）同时废止。

汽车产业投资管理规定

（2018 年 12 月 10 日国家发展和
改革委员会令第 22 号公布）

第一章 总 则

第一条 为深入学习贯彻习近平新时代中国特色社会主义思想和党的十九大精神，适应汽车产业改革开放新形势，完善汽车产业投资管理，推动汽车产业高质量发展，依据《行政许可法》《企业投资项目核准和备案管理条例》等相关法律法规，制定本规定。

第二条 完善汽车产业投资项目准入标准，加强事中事后监管，规范市场主体投资行为，引导社会资本合理投向。严格控制新增传统燃油汽车产能，积极推动新能源汽车健康有序发展，着力构建智能汽车创新发展体系。

第三条 坚持使市场在汽车产业资源配置中起决定性作用，更好发挥政府作用；坚持简政放权、放管结合、优化服务；坚持开放合作、公平竞争；坚持谁投资谁负责、谁审批谁监管、谁主管谁监管。

第四条 本规定适用于各类市场主体在中国境内的汽车投资项目。

第五条 汽车投资项目分为以下类型：

（一）汽车整车投资项目按照驱动动力系统分为燃油汽车和纯电动汽车投资项目，包括乘用车和商用车两个产品类别。燃油汽车投资项目是指以发动机提供驱动动力的汽车投资项目（含替代燃料汽车），包括传统燃油汽车、普通混合动力汽车，以及插电式混合动力汽车等投资项目。纯电动汽车投资项目是指以电动机提供驱动动力的汽车投资项目，包括纯电动汽车（含增程式电动汽车）、燃料电池汽车等投资项目。智能汽车投资项目根据驱动动力系统分别按照燃油汽车或纯电动汽车投资项目管理；

（二）其他投资项目包括汽车发动机、动力电池、燃料电池和车身总成等汽车零部件，专用汽车、挂车，以及动力电池回收利用、汽车零部件再制造投资项目。

第六条 汽车整车和其他投资项目均由地方发展改革部门实施备案管理。其中，汽车整车投资项目由省级发展改革部门备案。

第二章 投资方向

第七条 优化燃油汽车产能布局，推动产业向产能利用充分、产业基础扎实、配套体系完善、竞争优势明显的省份聚集。汽车产能利用率低的省份和企业应加大资金投入和兼并重组力度，加快技术进步，淘汰落后产能，增强市场竞争力。

第八条 科学规划新能源汽车产业布局，现有燃油汽车企业应加大研发投入、调整产品结构，发展纯电动汽车、插电式混合动力汽车、燃料电池汽车等新能源汽车。严格新建纯电动汽车企业投资项目管理，防范盲目布点和低水平重复建设。新建纯电动汽车企业及现有企业纯电动汽车扩能项目，应建设在产业基础好、创新要素全、配套能力强、发展空间大的省份及大气污染防治重点区域。推动新增产能向新能源汽车消费需求旺盛和燃油汽车替代潜力较大省份集中。

第九条 聚焦汽车产业发展重点，加快推进新能源汽车、智能汽车、节能汽车及关键零部件，先进制造装备，动力电池回收利用技术、汽车零部件再制造技术及装备研发和产业化。主要包括：

（一）新能源汽车领域重点发展非金属复合材料、高强度轻质合金、高强度钢等轻量化材料的车身、零部件和整车，全功能、高性能的整车控制系统，高效驱动系统、先进车用动力电池和燃料电池产品，车用动力电池等制造、检测技术和专用装备；

（二）智能汽车领域重点发展复杂环境感知、新型智能终端、车载智能计算平台等关键共性技术，车载传感器、中央处理器、专用芯片、操作系统、无线通讯设备等关键零部件和系统，推动技术研发能力、测试评价能力、军民融合能力、安全保障能力建设；

（三）节能汽车领域重点发展高效发动机、先进自动变速器和混合动力系统等节能技术和产品；

（四）动力电池回收利用领域重点发展动力电池高效回收利用技术和专用装备，推动梯级利用、再生利用与处置等能力建设；

（五）汽车零部件再制造领域重点发展高附加值零部件再制造技术和工艺，推动零部件旧件回收和再制造产品质量控制等能力建设。

第十条 调整产业组织结构，增强企业竞争能力。通过股权投资、产能合作等方式，推动企业兼并重组和战略合作，联合研发产品，共同组织生产，提升产业集中度。开展混合所有制改革，推动国有汽车企业与其他各类企业强强联合，组建具有世界一流水平的汽车企业集团。整合产、学、研、用等领域优势资源，推动汽车产业骨干企业组建产业联盟和产业联合体。推动汽车企业开放零部件供应体系，发挥各自优势，共同打造具有国际竞争力的平台化、专业化零部件企业集团。

第三章 燃油汽车整车投资项目

第十一条 禁止建设以下燃油汽车投资项目（不在中国境内销售产品的投资项目除外）：

（一）新建独立燃油汽车企业；

（二）现有汽车企业跨乘用车、商用车类别建设燃油汽车生产能力；

（三）现有燃油汽车企业整体搬迁至外省份（列入国家级区域发展规划或不改变企业股权结构的项目除外）；

（四）对行业管理部门特别公示的燃油汽车企业进行投资（企

业原有股东投资或将该企业转为非独立法人的投资项目除外）。

第十二条 现有汽车企业扩大燃油汽车生产能力投资项目，应符合以下条件：

（一）上两个年度汽车产能利用率均高于同产品类别（乘用车和商用车）行业平均水平；

（二）上两个年度新能源汽车产量占比均高于行业平均水平；

（三）上两个年度研发费用支出占主营业务收入的比例均高于3%；

（四）产品具有国际竞争力；

（五）项目所在省份上两个年度汽车产能利用率均高于同产品类别行业平均水平，且不存在行业管理部门特别公示的同产品类别燃油汽车企业。

第十三条 燃油乘用车扩能投资项目，除符合本规定第十二条外，企业平均燃料消耗量应满足国家标准和有关规定的要求，异地新建扩能投资项目，建设规模应不低于 15 万辆且企业上年度总产量不低于 30 万辆。

第十四条 现有汽车企业建设插电式混合动力汽车生产能力投资项目，可不受本规定第十二条第（二）、（五）项约束。

第十五条 现有汽车企业兼并其他同产品类别独立汽车企业，并将其转为非独立汽车企业且不增加其原有产能的，可不受本规定第十二条、第十三条约束。

第十六条 以下情况扩大燃油汽车生产能力，可不受本规定第十二条第（五）项约束：

（一）在不新增汽车企业集团总产能的前提下，集团所属独立汽车企业通过调配内部产能，建设燃油汽车扩能项目；

（二）在不新增所在省份总产能的前提下，独立汽车企业通过兼并重组建设燃油汽车扩能项目。

第四章　纯电动汽车整车投资项目

第十七条　新建独立纯电动汽车企业投资项目（含现有汽车企业跨乘用车、商用车类别建设纯电动汽车生产能力）所在省份，应符合以下条件：

（一）上两个年度汽车产能利用率均高于同产品类别行业平均水平；

（二）现有新建独立同产品类别纯电动汽车企业投资项目均已建成且年产量达到建设规模。

第十八条　新建独立纯电动汽车企业投资项目的企业法人，应符合以下条件：

（一）已建立产品研发机构，拥有专业研发团队，具有纯电动汽车概念设计、系统和结构设计经历和能力；整车控制系统、车用动力电池系统、整车集成和轻量化等方面的研发以及相应的试验验证能力；车身及底盘制造、车用动力电池系统集成、整车装配等方面的研发以及相应的试制能力；研制的产品主要技术指标达到行业领先水平；

（二）拥有纯电动汽车核心技术发明专利和知识产权，并得到授权或确认；

（三）产品售后服务保障有力，承诺对项目建成投产后 5 年内销售的产品质量投保或由相关企业提供担保。保险公司或担保企业近 3 年年均净资产与担保期内新建企业销售的产品金额相适应。

第十九条　新建独立纯电动汽车企业投资项目企业法人的股东，应符合以下条件：

（一）股东在项目建成且年产量达到建设规模前，不撤出股本；

（二）股东对关键零部件具有较强掌控能力，拥有整车控制系统、驱动电机、车用动力电池等关键零部件的知识产权和生产能力；

（三）主要法人股东应符合以下条件：

1. 股权占比高于三分之一；

2. 控股的现有新建独立纯电动汽车企业投资项目均已建成，年产量达到建设规模，且不存在违规建设项目；

3. 自有资金和融资能力能够满足项目建设及运营需要；

（四）主要法人股东还应符合以下条件之一：

1. 汽车整车企业为主要法人股东的，其中燃油汽车企业上两个年度汽车产能利用率和新能源汽车产量占比均高于行业平均水平，纯电动汽车企业上年度产量达到建设规模；

2. 汽车零部件企业为主要法人股东的，上两个年度整车控制系统、驱动电机或车用动力电池的配套装车量累计大于10万套；

3. 设计研发企业、境外企业等其他市场主体为主要法人股东的，研发且拥有知识产权的纯电动汽车产品，上两个年度累计境内外市场销售并登记注册的数量大于3万辆纯电动乘用车或3000辆纯电动商用车，或上两个年度纯电动汽车产品累计销售额大于30亿元。

第二十条 新建独立纯电动汽车企业投资项目，应符合以下条件：

（一）建设内容包括：

1. 纯电动汽车持续研发能力，在已有研发机构基础上，建立产品信息数据库，提升产品概念设计、试制试装、试验检测和整车运行状态监控等能力，研制的产品主要技术指标达到行业领先水平；

2. 建设规模，纯电动乘用车不低于10万辆，纯电动商用车不低于5000辆；

3. 车身成型、涂装、总装等整车生产工艺和装备，以及车用动力电池系统等关键部件的生产能力和一致性保证能力；

4. 纯电动汽车产品质量保障、市场销售、售后服务及车用动力电池回收利用管理体系；

（二）项目建成投产后，只生产自有注册商标和品牌的纯电动汽车产品。

第二十一条 现有汽车企业扩大同产品类别纯电动汽车生产能力，燃油汽车企业上两个年度汽车产能利用率均高于行业平均水平，纯电动汽车企业上年度纯电动汽车产量达到建设规模；拟生产产品的能耗、续驶里程等主要技术指标达到行业领先水平。

第二十二条 现有汽车企业异地新建同产品类别纯电动汽车生产能力，除符合本规定第二十一条外，项目的建设规模：乘用车不低于 10 万辆，商用车不低于 5000 辆。

第五章 其他投资项目

第二十三条 新建汽车发动机企业投资项目企业法人应具备较强研发能力，研制的产品主要技术指标达到行业领先水平。新建汽车发动机企业和现有企业新增发动机产品投资项目，发动机产品应满足国家最新汽车排放标准相应要求。

第二十四条 新建车用动力电池单体/系统企业投资项目，应符合以下条件：

（一）企业法人已建立车用动力电池产品研发机构，拥有专业研发团队，具有相关研发经历。单体企业应掌握材料等方面核心技术研发和试验验证能力，系统企业应掌握电池管理及热管理系统等方面核心技术研发和试验验证能力；

（二）拟建设的设施具有较高智能化水平，在厂房布置、生产线设计、智能装备投入、数字化信息管理及生产环境控制、过程控制等方面能够满足智能制造的要求。单体项目生产工序应覆盖电极制备、化成、单体装配等工艺过程，系统项目应具备模组生产、系统装配及测试等能力；

（三）产品主要技术指标应达到行业领先水平；

（四）企业法人承担车用动力电池回收利用生产者责任，项目配套建设车用动力电池回收利用管理体系。

第二十五条 现有车用动力电池企业扩能项目，除符合本规定第二十四条外，企业上两个年度车用动力电池产能利用率均不低于80%。

第二十六条 新建车用燃料电池电堆/系统投资项目，应符合以下条件：

（一）企业法人已建立车用燃料电池产品研发机构，拥有专业研发团队，具有相关研发经历。燃料电池电堆企业应具备双极板、膜电极等关键部件核心技术研发和试验验证能力。燃料电池系统企业应具备电堆控制系统等关键部件核心技术研发和试验验证能力；

（二）燃料电池电堆项目应建设双极板、膜电极等关键部件和电堆组装的生产能力。燃料电池系统项目应建设电堆控制系统等关键部件和电堆系统组装的生产能力；

（三）产品主要技术指标应达到行业领先水平。

第二十七条 车身总成投资项目有关要求：

（一）新建独立车身总成企业投资项目，企业法人应建立产品研发机构，拥有专业研发团队，具有相关研发经历，具备新材料、新工艺等车身轻量化核心技术研发和试验验证能力；项目应采用先进技术工艺，建设应用碳纤维等非金属复合材料、铝等轻质合金或其他轻量化新材料的车身成型和组装等生产能力；

（二）禁止新建应用普通钢板等传统材料、采用冲压焊接等传统工艺制造车身的独立车身总成企业投资项目。

第二十八条 专用汽车和挂车投资项目有关要求：

（一）新建专用汽车和挂车企业投资项目，企业法人应建立产品研发机构，拥有专业研发团队，具有相关研发经历，具备专用装置的技术研发和试验验证能力；

（二）禁止新建仓栅车、栏板车、自卸车和普通厢式车等普通运输类专用汽车和普通运输类挂车企业投资项目；

（三）专用汽车企业不得建设各类汽车底盘和整车生产能力，特种作业车底盘自制自用除外。

第二十九条 车用动力电池回收、梯级利用、再生利用与处置等投资项目，应符合国家有关法律法规和标准要求，采用先进适用的工艺技术及装备，实现不可利用残余物无害化处理。

第三十条 汽车零部件再制造投资项目，应符合国家有关法律法规和标准要求，企业具备相应的旧件回收能力，具有必要的拆解、清洗、制造、装配、质量检测等技术装备，采用先进技术工艺，建立完善的再制造质量控制标准和生产规范，保证再制造产品与原型新品具有同样性能质量。

第六章 项目备案管理

第三十一条 省级发展改革部门应按照《企业投资项目核准和备案管理条例》《企业投资项目核准和备案管理办法》制定并公开汽车投资项目备案服务指南，明确项目备案所需的信息内容以及办理的条件、流程等。

第三十二条 企业提交的汽车投资项目信息应包括以下内容：

（一）企业法人、股东构成等基本情况；

（二）拟建项目情况，包括项目名称、总投资额、建设地点、建设规模、建设内容等；

（三）项目符合本规定的说明；

（四）项目符合相关法律法规的声明；

（五）有关规定需要提交的其他信息。

第三十三条 地方发展改革部门发现企业以分拆项目、隐瞒有关情况或者提供虚假申报信息等不正当手段备案的，应责令其限期整改。已备案项目信息发生较大变更的，企业应及时告知备案机关。

第三十四条 项目法人应通过全国投资项目在线审批监管平台

进行项目申报，申请获得唯一项目代码，如实报送项目开工建设、建设进度、竣工等建设实施基本信息，并对项目信息的真实性、合法性和完整性负责。

第三十五条 地方发展改革部门要严格执行《企业投资项目核准和备案管理条例》等规定，并通过全国投资项目在线审批监管平台及时将项目信息报送国家发展改革委。

第三十六条 省级发展改革部门每季度应进行汽车投资项目的统计和分析。对信息不完整的，应要求企业及时补充相关信息；对建设内容与项目信息不符的，应责令企业限期改正；对逾期不改正的，应依法予以处罚，并将其列入失信企业名单，纳入全国信用信息共享平台及相关公示系统，向社会公开。

第三十七条 国家发展改革委建立不定期抽查制度，对不符合规定的汽车投资项目进行公示，列入项目异常信用记录，纳入全国信用信息共享平台；并责令地方发展改革部门和企业进行整改。

第七章 协同监管

第三十八条 各级地方政府不得妨碍市场公平竞争，违规为汽车投资项目提供税收、资金、土地等优惠条件。

第三十九条 对涉及产业安全的新建、兼并重组和股权变更等重大汽车投资项目，有关部门应按规定及时进行反垄断审查。涉及外商投资的，还应按规定进行安全审查。

第四十条 各级发展改革部门应与规划、国土、环境保护、安全生产、金融及行业管理等部门建立健全协同监管和联合执法机制，提高监管执法效率。

第四十一条 对各级发展改革部门在监督管理中查实违规的汽车投资项目，由备案机关撤销其备案并抄送相关部门，由规划、国土、环境保护、安全生产、金融及行业管理等部门进一步处理。对经认定的严重失信主体，实施联合惩戒。违反法律规定的，依法进行处罚。

第四十二条 按照谁审批谁监管、谁主管谁监管的原则，各级发展改革部门要建立健全监督责任制和责任追究制，加强汽车投资项目事中事后监管。对不依法履行监管职责或者监督不力的单位，给予约谈、通报，责令限期整改；逾期不改正的，在整改到位前暂停备案。对负有责任的领导人员和直接责任人员，依法依规给予问责、处理。

第八章 产能监测预警

第四十三条 汽车产能监测和统计：

（一）汽车整车和关键零部件企业应将上年度相关产品产量、建成产能、在建产能和规划产能情况，于每年 1 月底前上报省级发展改革部门并抄报国家发展改革委；

（二）省级发展改革部门应及时掌握本地区相关汽车产品生产情况和产能变化情况，于每年 3 月底前将本地区上年度产量和产能汇总情况上报国家发展改革委。

第四十四条 汽车产能发布和预警：

（一）国家发展改革委应建立汽车产能核查和信息发布工作机制，及时发布汽车产能变动信息，加强产能预警，引导企业合理投资，为地方汽车投资项目管理提供服务；

（二）省级发展改革部门应健全本地区汽车产能核查体系，研判产能利用率变动情况，加强对企业的指导和监督，有效应对和及时化解产能过剩风险，不断提高产能利用水平。

第九章 其他事项

第四十五条 已审批或核准的汽车投资项目变更建设内容、主要股东等事宜，需报原项目审批或核准机关办理。

第四十六条 本规定由国家发展改革委根据实际情况适时予以修订。

第四十七条 本规定由国家发展改革委负责解释。

第四十八条 本规定自 2019 年 1 月 10 日起施行。外商投资准入特别管理措施有专门规定的，从其规定。新能源汽车企业清理规范专项行动前正式受理的新建独立纯电动汽车企业投资项目，由省级发展改革部门在本规定实施前参照原规定研究办理。其他有关文件与本规定不一致的，按照本规定执行。

商务部行政处罚实施办法

（2018年12月10日商务部令第8号公布）

第一条 为了规范商务部行政处罚的实施，保障行政处罚的合法性和有效性，保护公民、法人或者其他组织的合法权益，维护公共利益和经济秩序，根据《中华人民共和国行政处罚法》，制定本办法。

第二条 公民、法人或者其他组织违反行政管理秩序的行为，依据法律、行政法规或者规章规定，应当由商务部给予行政处罚的，适用本办法。

第三条 商务部实施行政处罚应当遵循公正、公开的原则，并保障公民、法人或者其他组织的陈述权、申辩权、要求举行听证权、申请行政复议或行政诉讼的权利。

第四条 商务部实施行政处罚，应当以法律、行政法规和规章为依据，并依照法定程序实施。

第五条 行政处罚由商务部在法定职权范围内实施，商务部所属机构（包括内设机构、各特派员办事处、直属事业单位等）不得以自己的名义实施行政处罚。

没有法律、行政法规或规章的规定，商务部不得委托其他组织实施行政处罚。

第六条 商务部对行政处罚实行案件调查与案件审理分离的制度。

第七条 商务部设立行政处罚委员会，作为商务部行政处罚案件的审理机构。行政处罚委员会通过召开审理会的方式审理行政处罚案件。

商务部法制机构是商务部行政处罚委员会的办事机构，负责组织、安排行政处罚委员会的审理会，组织召开听证会，听取当事人陈述、申辩，制作相关法律文书，承担行政处罚委员会的日常工作。

第八条 商务部行政处罚案件的调查机关是案件所涉及的业务部门。必要时，该业务部门可以会同其他相关部门共同调查案件。

第九条 商务部有关部门发现公民、法人或者其他组织有违反行政管理秩序的行为时，应及时展开调查工作。

第十条 调查机关应当全面、客观、公正进行调查，收集有关证据。必要时，依照法律法规的规定，可以进行检查。

调查或检查时，执法人员不得少于两人，并应向当事人或者有关人员出示证件。相关询问或者检查应当制作笔录。

执法人员与当事人有直接利害关系的，应当回避。

第十一条 行政处罚案件调查终结后，拟作出行政处罚的，调查机关应当制作《案件调查终结报告》及证据目录，连同证据材料一并移交商务部行政处罚委员会。

《案件调查终结报告》应写明案件的事实情况、调查过程、相关证据及违反的法律规定，并对案件的处理及依据提出初步意见。

第十二条 《案件调查终结报告》及证据等材料移交行政处罚委员会后，由法制机构进行初步审查。

初次从事行政处罚审查的人员，应当通过国家统一法律职业资格考试取得法律职业资格。

第十三条 法制机构认为案件中个别事实不清的，可以要求调查机关作出解释、说明。必要时，法制机构可以直接向有关单位及人员调查、了解情况。

第十四条 法制机构经过审查，认为案件事实不清、证据不足的可以退回调查机关补充调查。

第十五条 法制机构经审查，认为案件主要事实清楚、证据充分的，应当制作《案件审查报告》。《案件审查报告》应当包括案件基本情况、违法事实、拟作出的行政处罚决定及依据。

第十六条 法制机构应当及时将《案件调查终结报告》、《案件审查报告》等材料提交行政处罚委员会，由行政处罚委员会召开审理会对案件进行审理。

第十七条 行政处罚委员会对案件的下列内容进行审理：

（一）违法事实是否清楚；

（二）证据是否确凿；

（三）是否符合法定程序；

（四）当事人陈述和申辩的理由是否成立；

（五）应当适用的法律规定；

（六）处罚种类和幅度。

第十八条 行政处罚委员会应当召开审理会，经集体讨论，充分协商，根据案件不同情况，分别提出如下处理意见：

（一）认为涉嫌构成犯罪的，交由调查机关依法移送司法机关；

（二）认为违法事实不成立的，不得给予行政处罚；

（三）违法行为轻微、依法可以不予处罚的，不予行政处罚；

（四）确有应受行政处罚的违法行为的，根据情节轻重及具体情况，确定拟作出的行政处罚种类及幅度。

第十九条 法制机构应当按照行政处罚委员会审理会的处理意见制作行政处罚告知书，书面告知当事人拟作出行政处罚的事实、理由及依据，并告知当事人依法享有陈述、申辩的权利。

拟作出3万元以上（不含3万元）罚款或责令停产停业、吊销许可证或执照的行政处罚的，应当在行政处罚告知书中告知当事人有要求举行听证的权利。

当事人要求陈述、申辩或者举行听证的，应当在收到行政处罚告知书后3日内向法制机构提出。

法制机构应当充分听取当事人意见，并对有关情况进行复核。

第二十条 当事人要求举行听证的，由法制机构按照《中华人民共和国行政处罚法》的规定组织听证会。

第二十一条 当事人有陈述、申辩意见，或者依当事人申请举行听证会的，法制机构经审查认为有可能影响行政处罚决定，行政处罚委员会应当召开审理会对案件进行复审。

第二十二条 法制机构应当按照行政处罚委员会审理会的处理意见制作行政处罚决定书。行政处罚决定书的内容应符合《中华人民共和国行政处罚法》第三十九条的规定，载明不服处罚决定，申请行政复议或者提起行政诉讼的途径和期限。

第二十三条 行政处罚告知书和行政处罚决定书作出后，由法制机构按照《中华人民共和国行政处罚法》第四十条等规定送达当事人。

第二十四条 当事人应当在行政处罚决定书确定的期限内履行行政处罚决定。逾期不履行行政处罚决定的，商务部可采取《中华人民共和国行政处罚法》第五十一条规定的措施，予以执行。

第二十五条 商务部在执行罚款、没收违法所得等行政处罚时，应当实行罚缴分离的制度。罚款及没收违法所得应由当事人就地上缴国库。

第二十六条 除涉及国家秘 密、商业秘 密和个人隐私的内容以及法律法规禁止公开的信息外，行政处罚决定书在商务部网站上公布，备公众查询。

第二十七条 本办法不适用于商务部对部机关各单位工作人员所做的行政处分及其他人事处理决定。

第二十八条 本办法由商务部负责解释。

第二十九条 本办法自 2019 年 1 月 11 日起施行，《商务部行政处罚实施办法（试行）》（商务部令 2005 年第 1 号）同时废止。

司法解释及相关文件

最高人民法院关于公证债权文书执行若干问题的规定

（2018 年 6 月 25 日最高人民法院审判委员会第 1743 次会议通过　自 2018 年 10 月 1 日起施行））

法释〔2018〕18 号

为了进一步规范人民法院办理公证债权文书执行案件，确保公证债权文书依法执行，维护当事人、利害关系人的合法权益，根据《中华人民共和国民事诉讼法》《中华人民共和国公证法》等法律规定，结合执行实践，制定本规定。

第一条　本规定所称公证债权文书，是指根据公证法第三十七条第一款规定经公证赋予强制执行效力的债权文书。

第二条　公证债权文书执行案件，由被执行人住所地或者被执行的财产所在地人民法院管辖。

前款规定案件的级别管辖，参照人民法院受理第一审民商事案件级别管辖的规定确定。

第三条　债权人申请执行公证债权文书，除应当提交作为执行依据的公证债权文书等申请执行所需的材料外，还应当提交证明履行情况等内容的执行证书。

第四条　债权人申请执行的公证债权文书应当包括公证证词、被证明的债权文书等内容。权利义务主体、给付内容应当在公证证词中列明。

第五条　债权人申请执行公证债权文书，有下列情形之一的，人民法院应当裁定不予受理；已经受理的，裁定驳回执行申请：

（一）债权文书属于不得经公证赋予强制执行效力的文书；

（二）公证债权文书未载明债务人接受强制执行的承诺；

（三）公证证词载明的权利义务主体或者给付内容不明确；

（四）债权人未提交执行证书；

（五）其他不符合受理条件的情形。

第六条 公证债权文书赋予强制执行效力的范围同时包含主债务和担保债务的，人民法院应当依法予以执行；仅包含主债务的，对担保债务部分的执行申请不予受理；仅包含担保债务的，对主债务部分的执行申请不予受理。

第七条 债权人对不予受理、驳回执行申请裁定不服的，可以自裁定送达之日起十日内向上一级人民法院申请复议。

申请复议期满未申请复议，或者复议申请被驳回的，当事人可以就公证债权文书涉及的民事权利义务争议向人民法院提起诉讼。

第八条 公证机构决定不予出具执行证书的，当事人可以就公证债权文书涉及的民事权利义务争议直接向人民法院提起诉讼。

第九条 申请执行公证债权文书的期间自公证债权文书确定的履行期间的最后一日起计算；分期履行的，自公证债权文书确定的每次履行期间的最后一日起计算。

债权人向公证机构申请出具执行证书的，申请执行时效自债权人提出申请之日起中断。

第十条 人民法院在执行实施中，根据公证债权文书并结合申请执行人的申请依法确定给付内容。

第十一条 因民间借贷形成的公证债权文书，文书中载明的利率超过人民法院依照法律、司法解释规定应予支持的上限的，对超过的利息部分不纳入执行范围；载明的利率未超过人民法院依照法律、司法解释规定应予支持的上限，被执行人主张实际超过的，可以依照本规定第二十二条第一款规定提起诉讼。

第十二条 有下列情形之一的，被执行人可以依照民事诉讼法第二百三十八条第二款规定申请不予执行公证债权文书：

（一）被执行人未到场且未委托代理人到场办理公证的；

（二）无民事行为能力人或者限制民事行为能力人没有监护人代为办理公证的；

（三）公证员为本人、近亲属办理公证，或者办理与本人、近亲属有利害关系的公证的；

（四）公证员办理该项公证有贪污受贿、徇私舞弊行为，已经由生效刑事法律文书等确认的；

（五）其他严重违反法定公证程序的情形。

被执行人以公证债权文书的内容与事实不符或者违反法律强制性规定等实体事由申请不予执行的，人民法院应当告知其依照本规定第二十二条第一款规定提起诉讼。

第十三条 被执行人申请不予执行公证债权文书，应当在执行通知书送达之日起十五日内向执行法院提出书面申请，并提交相关证据材料；有本规定第十二条第一款第三项、第四项规定情形且执行程序尚未终结的，应当自知道或者应当知道有关事实之日起十五日内提出。

公证债权文书执行案件被指定执行、提级执行、委托执行后，被执行人申请不予执行的，由提出申请时负责该案件执行的人民法院审查。

第十四条 被执行人认为公证债权文书存在本规定第十二条第一款规定的多个不予执行事由的，应当在不予执行案件审查期间一并提出。

不予执行申请被裁定驳回后，同一被执行人再次提出申请的，人民法院不予受理。但有证据证明不予执行事由在不予执行申请被裁定驳回后知道的，可以在执行程序终结前提出。

第十五条 人民法院审查不予执行公证债权文书案件，案情复杂、争议较大的，应当进行听证。必要时可以向公证机构调阅公证案卷，要求公证机构作出书面说明，或者通知公证员到庭说明情况。

第十六条 人民法院审查不予执行公证债权文书案件，应当在受理之日起六十日内审查完毕并作出裁定；有特殊情况需要延长的，经本院院长批准，可以延长三十日。

第十七条 人民法院审查不予执行公证债权文书案件期间，不停止执行。

被执行人提供充分、有效的担保，请求停止相应处分措施的，人民法院可以准许；申请执行人提供充分、有效的担保，请求继续执行的，应当继续执行。

第十八条 被执行人依照本规定第十二条第一款规定申请不予执行，人民法院经审查认为理由成立的，裁定不予执行；理由不成立的，裁定驳回不予执行申请。

公证债权文书部分内容具有本规定第十二条第一款规定情形的，人民法院应当裁定对该部分不予执行；应当不予执行部分与其他部分不可分的，裁定对该公证债权文书不予执行。

第十九条 人民法院认定执行公证债权文书违背公序良俗的，裁定不予执行。

第二十条 公证债权文书被裁定不予执行的，当事人可以就该公证债权文书涉及的民事权利义务争议向人民法院提起诉讼；公证债权文书被裁定部分不予执行的，当事人可以就该部分争议提起诉讼。

当事人对不予执行裁定提出执行异议或者申请复议的，人民法院不予受理。

第二十一条 当事人不服驳回不予执行申请裁定的，可以自裁定送达之日起十日内向上一级人民法院申请复议。上一级人民法院应当自收到复议申请之日起三十日内审查。经审查，理由成立的，裁定撤销原裁定，不予执行该公证债权文书；理由不成立的，裁定驳回复议申请。复议期间，不停止执行。

第二十二条 有下列情形之一的，债务人可以在执行程序终结前，以债权人为被告，向执行法院提起诉讼，请求不予执行公证债权文书：

（一）公证债权文书载明的民事权利义务关系与事实不符；

（二）经公证的债权文书具有法律规定的无效、可撤销等情形；

（三）公证债权文书载明的债权因清偿、提存、抵销、免除等原因全部或者部分消灭。

债务人提起诉讼，不影响人民法院对公证债权文书的执行。债务人提供充分、有效的担保，请求停止相应处分措施的，人民法院可以准许；债权人提供充分、有效的担保，请求继续执行的，应当继续执行。

第二十三条　对债务人依照本规定第二十二条第一款规定提起的诉讼，人民法院经审理认为理由成立的，判决不予执行或者部分不予执行；理由不成立的，判决驳回诉讼请求。

当事人同时就公证债权文书涉及的民事权利义务争议提出诉讼请求的，人民法院可以在判决中一并作出裁判。

第二十四条　有下列情形之一的，债权人、利害关系人可以就公证债权文书涉及的民事权利义务争议直接向有管辖权的人民法院提起诉讼：

（一）公证债权文书载明的民事权利义务关系与事实不符；

（二）经公证的债权文书具有法律规定的无效、可撤销等情形。

债权人提起诉讼，诉讼案件受理后又申请执行公证债权文书的，人民法院不予受理。进入执行程序后债权人又提起诉讼的，诉讼案件受理后，人民法院可以裁定终结公证债权文书的执行；债权人请求继续执行其未提出争议部分的，人民法院可以准许。

利害关系人提起诉讼，不影响人民法院对公证债权文书的执行。利害关系人提供充分、有效的担保，请求停止相应处分措施的，人民法院可以准许；债权人提供充分、有效的担保，请求继续执行的，应当继续执行。

第二十五条 本规定自2018年10月1日起施行。

本规定施行前最高人民法院公布的司法解释与本规定不一致的，以本规定为准。

【相关资料】

最高人民法院执行局负责人就《最高人民法院关于公证债权文书执行若干问题的规定》答记者问

为进一步完善公证债权文书执行程序，充分发挥赋强公证在纠纷预防方面的功能，2018年6月25日最高人民法院审判委员会第1743次会议通过了《最高人民法院关于公证债权文书执行若干问题的规定》（以下简称《规定》），自2018年10月1日起施行。

问：我们注意到《规定》专门就债权人申请执行公证债权文书应当提交的材料作了规定，与其他执行依据相比，有何不同？

答：与判决、仲裁裁决等法律文书的执行略有不同，赋强公证程序中除公证债权文书之外，还存在执行证书这一特有文书。执行证书是在长期实践中探索形成的经验，在核实债务履行情况方面起到积极作用，故《规定》明确，债权人在申请执行时，除应当提交作为执行依据的公证债权文书之外，还应当一并提交执行证书，用以证明履行情况等内容。债权人申请执行时未提交执行证书的，则应当认定为不符合受理条件，不予受理其执行申请；已经受理的，应当裁定驳回执行申请。

问：公证债权文书载明的年利率未超过人民法院应予支持的上限，但当事人主张实际超过的，执行程序中如何审查认定？

答：《规定》关于利息区分执行的条款，仅针对的是公证债权文书明确载明的年利率超过人民法院依照法律、司法解释规定应予支持上限的情形。这是人民法院在执行实施中依职权主动审查的内容。根据目前审理民间借贷案件的有关规定，判决支持的利息有24%的利率上限规定，人民法院运用公权力对公证债权文书予以执行，也应当遵循这个标准。通过计算执行标的，人民法院以执行通知、裁定等方式明确告知当事人超出的利息部分不纳入执行范围，当事人如对该行为有异议，通过执行异议程序救济。如果公证债权文书载明的年利率未超过人民法院应予支持的上限，债务人主张存在以“违约金”“服务费”等情形变相突破上限的，或者主张存在“利滚利”“砍头息”等情形实质超过上限的，因属于实体争议，不适用利息区分执行的规定，债务人可以依据《规定》第二十二条第一款，通过提起诉讼予以救济。

问：将不予执行程序进行细化，区分程序和实体问题，分别通过不予执行审查程序和诉讼程序处理，主要基于何种考虑？

答：此前公证债权文书执行程序的法律规定较为粗疏，尤其是申请不予执行事由宽泛，提出申请的期限没有明确限制，导致有关不予执行的审查裁量标准难以统一，被执行人动辄提出不予执行申请，严重影响了该类案件的正常执行。同时，不予执行裁定去除了公证债权文书的执行力，但并不具有最终认定实体权利义务关系的功能，裁定不予执行后，当事人仍需通过诉讼取得新的执行依据，不仅增加司法成本，更不利于公证债权文书执行以及债权人及时实现权利。经过深入调研，《规定》最终改变了过去不予执行审查“一刀切”的粗放式做法，细化了不予执行程序，分别对程序问题和实体问题设置了不同救济途径。首先，在执行程序中申请不予执行，我们对事由作了列举式规定，为严重违反法定公证程序的情形。其次，通过诉讼请求不予执行，我们限定为公证债权文书载明的权利义务关系与事实不符等三类实体事由。针对两种救济路径，《规定》均对提出申请或者请求的时间、审查处理程序、执行程序的走向等问题进行了明确。当然，除了通过不予执行和诉讼进行救济之外，当事人、公证事项的利害关系人还可以根据公证法第三十九条的规定，向公证机构提出复查，请求公证机构撤销或者更正公证债权文书，维护自身合法权益。

问：允许当事人就实体争议直接提起诉讼，会不会出现滥诉的问题，是否会导致公证债权文书执行程序受到阻碍？

答：如何避免滥诉是我们在起草《规定》过程中重点关注的问题之一。《规定》起草过程中，我们与司法部等有关部门作了大量沟通，也进行了反复论证。应该说，允许实体争议通过诉讼程序解决，更能够确保执行程序的顺利推进，促进公证债权文书得到依法执行。

对于持有公证债权文书的债权人来说，毫无疑问，申请执行是最经济、最快捷、最稳妥的权利实现路径，因此，在公证债权文书内容符合其真实意思表示的情况下，债权人不会选择提起诉讼。对于债务人而言，允许实体争议进入诉讼也不会导致程序滥用。其一，不予执行案件当事人无需缴纳诉讼费，诉讼案件则收取诉讼费，出于经济考量，与此前笼统通过申请不予执行予以救济相比，债务人提起诉讼的意愿不会高于申请不予执行。其二，从数据上分析，以 2017 年为例，全国法院裁定不予执行公证债权文书的案件数量，仅占全部公证债权文书执行案件数量的 2%。据此可以推断，允许实体争议直接进入诉讼，不会因此出现大量的诉讼案件。其三，诉讼不会必然对执行程序产生影响，在取得生效判决之前，公证债权文书作为执行依据，应当依法执行。《规定》对债务人提起诉讼的时间和事由都作了明确限制，同时合理设置了执行程序与诉讼程序的衔接，明确规定债务人提起诉讼不影响人民法院对公证债权文书的执行，确保执行程序不受阻碍，防止恶意诉讼。但需要特别注意，公证债权文书进入执行程序后，如果发现相关债权涉及“套路贷”诈骗等犯罪行为，人民法院应当依照相关规定移送公安机关或者检察机关。

最高人民法院 最高人民检察院关于修改《关于办理妨害信用卡管理刑事案件具体应用法律若干问题的解释》的决定

（2018 年 7 月 30 日由最高人民法院审判委员会第 1745 次会议、2018 年 10 月 19 日由最高人民检察院第十三届检察委员会第七次会议通过 自 2018 年 12 月 1 日起施行）

法释〔2018〕19 号

根据司法实践情况，现决定对《最高人民法院、最高人民检察院关于办理妨害信用卡管理刑事案件具体应用法律若干问题的解释》（法释〔2009〕19 号，以下简称《解释》）作如下修改：

一、将《解释》原第六条修改为："持卡人以非法占有为目的，超过规定限额或者规定期限透支，经发卡银行两次有效催收后超过三个月仍不归还的，应当认定为刑法第一百九十六条规定的'恶意透支'。

"对于是否以非法占有为目的，应当综合持卡人信用记录、还款能力和意愿、申领和透支信用卡的状况、透支资金的用途、透支后的表现、未按规定还款的原因等情节作出判断。不得单纯依据持卡人未按规定还款的事实认定非法占有目的。

"具有以下情形之一的，应当认定为刑法第一百九十六条第二款规定的'以非法占有为目的'，但有证据证明持卡人确实不具有非法占有目的的除外：

"（一）明知没有还款能力而大量透支，无法归还的；

“（二）使用虚假资信证明申领信用卡后透支，无法归还的；

“（三）透支后通过逃匿、改变联系方式等手段，逃避银行催收的；

“（四）抽逃、转移资金，隐匿财产，逃避还款的；

“（五）使用透支的资金进行犯罪活动的；

“（六）其他非法占有资金，拒不归还的情形。”

二、增加一条，作为《解释》第七条：“催收同时符合下列条件的，应当认定为本解释第六条规定的‘有效催收’：

“（一）在透支超过规定限额或者规定期限后进行；

“（二）催收应当采用能够确认持卡人收悉的方式，但持卡人故意逃避催收的除外；

“（三）两次催收至少间隔三十日；

“（四）符合催收的有关规定或者约定。

“对于是否属于有效催收，应当根据发卡银行提供的电话录音、信息送达记录、信函送达回执、电子邮件送达记录、持卡人或者其家属签字以及其他催收原始证据材料作出判断。

“发卡银行提供的相关证据材料，应当有银行工作人员签名和银行公章。”

三、增加一条，作为《解释》第八条：“恶意透支，数额在五万元以上不满五十万元的，应当认定为刑法第一百九十六条规定的‘数额较大’；数额在五十万元以上不满五百万元的，应当认定为刑法第一百九十六条规定的‘数额巨大’；数额在五百万元以上的，应当认定为刑法第一百九十六条规定的‘数额特别巨大’。”

四、增加一条，作为《解释》第九条：“恶意透支的数额，是指公安机关刑事立案时尚未归还的实际透支的本金数额，不包括利息、复利、滞纳金、手续费等发卡银行收取的费用。归还或者支付的数额，应当认定为归还实际透支的本金。

“检察机关在审查起诉、提起公诉时，应当根据发卡银行提供的交易明细、分类账单（透支账单、还款账单）等证据材料，结合犯罪嫌疑人、被告人及其辩护人所提辩解、辩护意见及相关证据材料，审查认定恶意透支的数额；恶意透支的数额难以确定的，应当依据司法会计、审计报告，结合其他证据材料审查认定。人民法院在审判过程中，应当在对上述证据材料查证属实的基础上，对恶意透支的数额作出认定。

“发卡银行提供的相关证据材料，应当有银行工作人员签名和银行公章。”

五、增加一条，作为《解释》第十条：“恶意透支数额较大，在提起公诉前全部归还或者具有其他情节轻微情形的，可以不起诉；在一审判决前全部归还或者具有其他情节轻微情形的，可以免予刑事处罚。但是，曾因信用卡诈骗受过两次以上处罚的除外。”

六、增加一条，作为《解释》第十一条：“发卡银行违规以信用卡透支形式变相发放贷款，持卡人未按规定归还的，不适用刑法第一百九十六条‘恶意透支’的规定。构成其他犯罪的，以其他犯罪论处。”

七、将《解释》原第七条改为修改后《解释》第十二条。

八、将《解释》原第八条改为修改后《解释》第十三条，修改为：“单位实施本解释规定的行为，适用本解释规定的相应自然人犯罪的定罪量刑标准。”

根据本决定，对《解释》作相应修改并调整条文顺序后，重新公布。

最高人民法院 最高人民检察院关于办理妨害信用卡管理刑事案件具体应用法律若干问题的解释

（2009年10月12日最高人民法院审判委员会第1475次会议、2009年11月12日最高人民检察院第十一届检察委员会第二十二次会议通过　根据2018年7月30日最高人民法院审判委员会第1745次会议　2018年10月19日最高人民检察院第十三届检察委员会第七次会议通过的《最高人民法院、最高人民检察院关于修改〈关于办理妨害信用卡管理刑事案件具体应用法律若干问题的解释〉的决定》修正）

为依法惩治妨害信用卡管理犯罪活动，维护信用卡管理秩序和持卡人合法权益，根据《中华人民共和国刑法》规定，现就办理这类刑事案件具体应用法律的若干问题解释如下：

第一条　复制他人信用卡、将他人信用卡信息资料写入磁条介质、芯片或者以其他方法伪造信用卡一张以上的，应当认定为刑法第一百七十七条第一款第四项规定的“伪造信用卡”，以伪造金融票证罪定罪处罚。

伪造空白信用卡十张以上的，应当认定为刑法第一百七十七条第一款第四项规定的“伪造信用卡”，以伪造金融票证罪定罪处罚。

伪造信用卡，有下列情形之一的，应当认定为刑法第一百七十七条规定的“情节严重”：

（一）伪造信用卡五张以上不满二十五张的；

（二）伪造的信用卡内存款余额、透支额度单独或者合计数额在二十万元以上不满一百万元的；

（三）伪造空白信用卡五十张以上不满二百五十张的；

（四）其他情节严重的情形。

伪造信用卡，有下列情形之一的，应当认定为刑法第一百七十七条规定的“情节特别严重”：

（一）伪造信用卡二十五张以上的；

（二）伪造的信用卡内存款余额、透支额度单独或者合计数额在一百万元以上的；

（三）伪造空白信用卡二百五十张以上的；

（四）其他情节特别严重的情形。

本条所称“信用卡内存款余额、透支额度”，以信用卡被伪造后发卡行记录的最高存款余额、可透支额度计算。

第二条 明知是伪造的空白信用卡而持有、运输十张以上不满一百张的，应当认定为刑法第一百七十七条之一第一款第一项规定的“数量较大”；非法持有他人信用卡五张以上不满五十张的，应当认定为刑法第一百七十七条之一第一款第二项规定的“数量较大”。

有下列情形之一的，应当认定为刑法第一百七十七条之一第一款规定的“数量巨大”：

（一）明知是伪造的信用卡而持有、运输十张以上的；

（二）明知是伪造的空白信用卡而持有、运输一百张以上的；

（三）非法持有他人信用卡五十张以上的；

（四）使用虚假的身份证明骗领信用卡十张以上的；

（五）出售、购买、为他人提供伪造的信用卡或者以虚假的身份证明骗领的信用卡十张以上的。

违背他人意愿，使用其居民身份证、军官证、士兵证、港澳居民往来内地通行证、台湾居民来往大陆通行证、护照等身份证明申领信用卡的，或者使用伪造、变造的身份证明申领信用卡的，应当认定为刑法第一百七十七条之一第一款第三项规定的“使用虚假的身份证明骗领信用卡”。

第三条 窃取、收买、非法提供他人信用卡信息资料，足以伪造可进行交易的信用卡，或者足以使他人以信用卡持卡人名义进行交易，涉及信用卡一张以上不满五张的，依照刑法第一百七十七条之一第二款的规定，以窃取、收买、非法提供信用卡信息罪定罪处罚；涉及信用卡五张以上的，应当认定为刑法第一百七十七条之一第一款规定的“数量巨大”。

第四条 为信用卡申请人制作、提供虚假的财产状况、收入、职务等资信证明材料，涉及伪造、变造、买卖国家机关公文、证件、印章，或者涉及伪造公司、企业、事业单位、人民团体印章，应当追究刑事责任的，依照刑法第二百八十条的规定，分别以伪造、变造、买卖国家机关公文、证件、印章罪和伪造公司、企业、事业单位、人民团体印章罪定罪处罚。

承担资产评估、验资、验证、会计、审计、法律服务等职责的中介组织或其人员，为信用卡申请人提供虚假的财产状况、收入、职务等资信证明材料，应当追究刑事责任的，依照刑法第二百二十九条的规定，分别以提供虚假证明文件罪和出具证明文件重大失实罪定罪处罚。

第五条 使用伪造的信用卡、以虚假的身份证明骗领的信用卡、作废的信用卡或者冒用他人信用卡，进行信用卡诈骗活动，数额在五千元以上不满五万元的，应当认定为刑法第一百九十六条规定的“数额较大”；数额在五万元以上不满五十万元的，应当认定为刑法第一百九十六条规定的“数额巨大”；数额在五十万元以上的，应当认定为刑法第一百九十六条规定的“数额特别巨大”。

刑法第一百九十六条第一款第三项所称“冒用他人信用卡”，包括以下情形：

（一）拾得他人信用卡并使用的；

（二）骗取他人信用卡并使用的；

（三）窃取、收买、骗取或者以其他非法方式获取他人信用卡信息资料，并通过互联网、通讯终端等使用的；

（四）其他冒用他人信用卡的情形。

第六条 持卡人以非法占有为目的，超过规定限额或者规定期限透支，经发卡银行两次有效催收后超过三个月仍不归还的，应当认定为刑法第一百九十六条规定的“恶意透支”。

对于是否以非法占有为目的，应当综合持卡人信用记录、还款能力和意愿、申领和透支信用卡的状况、透支资金的用途、透支后的表现、未按规定还款的原因等情节作出判断。不得单纯依据持卡人未按规定还款的事实认定非法占有目的。

具有以下情形之一的，应当认定为刑法第一百九十六条第二款规定的“以非法占有为目的”，但有证据证明持卡人确实不具有非法占有目的的除外：

（一）明知没有还款能力而大量透支，无法归还的；

（二）使用虚假资信证明申领信用卡后透支，无法归还的；

（三）透支后通过逃匿、改变联系方式等手段，逃避银行催收的；

（四）抽逃、转移资金，隐匿财产，逃避还款的；

（五）使用透支的资金进行犯罪活动的；

（六）其他非法占有资金，拒不归还的情形。

第七条 催收同时符合下列条件的，应当认定为本解释第六条规定的“有效催收”：

（一）在透支超过规定限额或者规定期限后进行；

（二）催收应当采用能够确认持卡人收悉的方式，但持卡人故意逃避催收的除外；

（三）两次催收至少间隔三十日；

（四）符合催收的有关规定或者约定。

对于是否属于有效催收，应当根据发卡银行提供的电话录音、信息送达记录、信函送达回执、电子邮件送达记录、持卡人或者其家属签字以及其他催收原始证据材料作出判断。

发卡银行提供的相关证据材料，应当有银行工作人员签名和银行公章。

第八条 恶意透支，数额在五万元以上不满五十万元的，应当认定为刑法第一百九十六条规定的“数额较大”；数额在五十万元以上不满五百万元的，应当认定为刑法第一百九十六条规定的“数额巨大”；数额在五百万元以上的，应当认定为刑法第一百九十六条规定的“数额特别巨大”。

第九条 恶意透支的数额，是指公安机关刑事立案时尚未归还的实际透支的本金数额，不包括利息、复利、滞纳金、手续费等发卡银行收取的费用。归还或者支付的数额，应当认定为归还实际透支的本金。

检察机关在审查起诉、提起公诉时，应当根据发卡银行提供的交易明细、分类账单（透支账单、还款账单）等证据材料，结合犯罪嫌疑人、被告人及其辩护人所提辩解、辩护意见及相关证据材料，审查认定恶意透支的数额；恶意透支的数额难以确定的，应当依据司法会计、审计报告，结合其他证据材料审查认定。人民法院在审判过程中，应当在对上述证据材料查证属实的基础上，对恶意透支的数额作出认定。

发卡银行提供的相关证据材料，应当有银行工作人员签名和银行公章。

第十条 恶意透支数额较大，在提起公诉前全部归还或者具有其他情节轻微情形的，可以不起诉；在一审判决前全部归还或者具有其他情节轻微情形的，可以免予刑事处罚。但是，曾因信用卡诈骗受过两次以上处罚的除外。

第十一条 发卡银行违规以信用卡透支形式变相发放贷款，持卡人未按规定归还的，不适用刑法第一百九十六条‘恶意透支’的规定。构成其他犯罪的，以其他犯罪论处。

第十二条 违反国家规定，使用销售点终端机具（POS 机）等方法，以虚构交易、虚开价格、现金退货等方式向信用卡持卡人直接支付现金，情节严重的，应当依据刑法第二百二十五条的规定，以非法经营罪定罪处罚。

实施前款行为，数额在一百万元以上的，或者造成金融机构资金二十万元以上逾期未还的，或者造成金融机构经济损失十万元以上的，应当认定为刑法第二百二十五条规定的“情节严重”；数额在五百万元以上的，或者造成金融机构资金一百万元以上逾期未还的，或者造成金融机构经济损失五十万元以上的，应当认定为刑法第二百二十五条规定的“情节特别严重”。

持卡人以非法占有为目的，采用上述方式恶意透支，应当追究刑事责任的，依照刑法第一百九十六条的规定，以信用卡诈骗罪定罪处罚。

第十三条　单位实施本解释规定的行为，适用本解释规定的相应自然人犯罪的定罪量刑标准。

最高人民法院关于审查知识产权纠纷行为保全案件适用法律若干问题的规定

（2018 年 11 月 26 日最高人民法院审判委员会第 1755 次会议通过　自 2019 年 1 月 1 日起施行）
法释〔2018〕21 号

为正确审查知识产权纠纷行为保全案件，及时有效保护当事人的合法权益，根据《中华人民共和国民事诉讼法》《中华人民共和国专利法》《中华人民共和国商标法》《中华人民共和国著作权法》等有关法律规定，结合审判、执行工作实际，制定本规定。

第一条　本规定中的知识产权纠纷是指《民事案件案由规定》中的知识产权与竞争纠纷。

第二条　知识产权纠纷的当事人在判决、裁定或者仲裁裁决生效前，依据民事诉讼法第一百条、第一百零一条规定申请行为保全的，人民法院应当受理。

知识产权许可合同的被许可人申请诉前责令停止侵害知识产权行为的，独占许可合同的被许可人可以单独向人民法院提出申请；排他许可合同的被许可人在权利人不申请的情况下，可以单独提出申请；普通许可合同的被许可人经权利人明确授权以自己的名义起诉的，可以单独提出申请。

第三条　申请诉前行为保全，应当向被申请人住所地具有相应知识产权纠纷管辖权的人民法院或者对案件具有管辖权的人民法院提出。

当事人约定仲裁的，应当向前款规定的人民法院申请行为保全。

第四条　向人民法院申请行为保全，应当递交申请书和相应证据。申请书应当载明下列事项：

（一）申请人与被申请人的身份、送达地址、联系方式；

（二）申请采取行为保全措施的内容和期限；

（三）申请所依据的事实、理由，包括被申请人的行为将会使申请人的合法权益受到难以弥补的损害或者造成案件裁决难以执行等损害的具体说明；

（四）为行为保全提供担保的财产信息或资信证明，或者不需要提供担保的理由；

（五）其他需要载明的事项。

第五条　人民法院裁定采取行为保全措施前，应当询问申请人和被申请人，但因情况紧急或者询问可能影响保全措施执行等情形除外。

人民法院裁定采取行为保全措施或者裁定驳回申请的，应当向申请人、被申请人送达裁定书。向被申请人送达裁定书可能影响采取保全措施的，人民法院可以在采取保全措施后及时向被申请人送达裁定书，至迟不得超过五日。

当事人在仲裁过程中申请行为保全的，应当通过仲裁机构向人民法院提交申请书、仲裁案件受理通知书等相关材料。人民法院裁定采取行为保全措施或者裁定驳回申请的，应当将裁定书送达当事人，并通知仲裁机构。

第六条　有下列情况之一，不立即采取行为保全措施即足以损害申请人利益的，应当认定属于民事诉讼法第一百条、第一百零一条规定的“情况紧急”：

（一）申请人的商业秘密即将被非法披露；

（二）申请人的发表权、隐私权等人身权利即将受到侵害；

（三）诉争的知识产权即将被非法处分；

（四）申请人的知识产权在展销会等时效性较强的场合正在或者即将受到侵害；

（五）时效性较强的热播节目正在或者即将受到侵害；

（六）其他需要立即采取行为保全措施的情况。

第七条 人民法院审查行为保全申请，应当综合考量下列因素：

（一）申请人的请求是否具有事实基础和法律依据，包括请求保护的知识产权效力是否稳定；

（二）不采取行为保全措施是否会使申请人的合法权益受到难以弥补的损害或者造成案件裁决难以执行等损害；

（三）不采取行为保全措施对申请人造成的损害是否超过采取行为保全措施对被申请人造成的损害；

（四）采取行为保全措施是否损害社会公共利益；

（五）其他应当考量的因素。

第八条 人民法院审查判断申请人请求保护的知识产权效力是否稳定，应当综合考量下列因素：

（一）所涉权利的类型或者属性；

（二）所涉权利是否经过实质审查；

（三）所涉权利是否处于宣告无效或者撤销程序中以及被宣告无效或者撤销的可能性；

（四）所涉权利是否存在权属争议；

（五）其他可能导致所涉权利效力不稳定的因素。

第九条 申请人以实用新型或者外观设计专利权为依据申请行为保全的，应当提交由国务院专利行政部门作出的检索报告、专利权评价报告或者专利复审委员会维持该专利权有效的决定。申请人无正当理由拒不提交的，人民法院应当裁定驳回其申请。

第十条 在知识产权与不正当竞争纠纷行为保全案件中，有下列情形之一的，应当认定属于民事诉讼法第一百零一条规定的“难以弥补的损害”：

（一）被申请人的行为将会侵害申请人享有的商誉或者发表权、隐私权等人身性质的权利且造成无法挽回的损害；

（二）被申请人的行为将会导致侵权行为难以控制且显著增加申请人损害；

（三）被申请人的侵害行为将会导致申请人的相关市场份额明显减少；

（四）对申请人造成其他难以弥补的损害。

第十一条 申请人申请行为保全的，应当依法提供担保。

申请人提供的担保数额，应当相当于被申请人可能因执行行为保全措施所遭受的损失，包括责令停止侵权行为所涉产品的销售收益、保管费用等合理损失。

在执行行为保全措施过程中，被申请人可能因此遭受的损失超过申请人担保数额的，人民法院可以责令申请人追加相应的担保。申请人拒不追加的，可以裁定解除或者部分解除保全措施。

第十二条 人民法院采取的行为保全措施，一般不因被申请人提供担保而解除，但是申请人同意的除外。

第十三条 人民法院裁定采取行为保全措施的，应当根据申请人的请求或者案件具体情况等因素合理确定保全措施的期限。

裁定停止侵害知识产权行为的效力，一般应当维持至案件裁判生效时止。

人民法院根据申请人的请求、追加担保等情况，可以裁定继续采取保全措施。申请人请求续行保全措施的，应当在期限届满前七日内提出。

第十四条 当事人不服行为保全裁定申请复议的，人民法院应当在收到复议申请后十日内审查并作出裁定。

第十五条 人民法院采取行为保全的方法和措施，依照执行程序相关规定处理。

第十六条 有下列情形之一的，应当认定属于民事诉讼法第一百零五条规定的“申请有错误”：

（一）申请人在采取行为保全措施后三十日内不依法提起诉讼或者申请仲裁；

（二）行为保全措施因请求保护的知识产权被宣告无效等原因自始不当；

（三）申请责令被申请人停止侵害知识产权或者不正当竞争，但生效裁判认定不构成侵权或者不正当竞争；

（四）其他属于申请有错误的情形。

第十七条 当事人申请解除行为保全措施，人民法院收到申请后经审查符合《最高人民法院关于适用〈中华人民共和国民事诉讼法〉的解释》第一百六十六条规定的情形的，应当在五日内裁定解除。

申请人撤回行为保全申请或者申请解除行为保全措施的，不因此免除民事诉讼法第一百零五条规定的赔偿责任。

第十八条 被申请人依据民事诉讼法第一百零五条规定提起赔偿诉讼，申请人申请诉前行为保全后没有起诉或者当事人约定仲裁的，由采取保全措施的人民法院管辖；申请人已经起诉的，由受理起诉的人民法院管辖。

第十九条 申请人同时申请行为保全、财产保全或者证据保全的，人民法院应当依法分别审查不同类型保全申请是否符合条件，并作出裁定。

为避免被申请人实施转移财产、毁灭证据等行为致使保全目的无法实现，人民法院可以根据案件具体情况决定不同类型保全措施的执行顺序。

第二十条 申请人申请行为保全，应当依照《诉讼费用交纳办法》关于申请采取行为保全措施的规定交纳申请费。

第二十一条 本规定自 2019 年 1 月 1 日起施行。最高人民法院以前发布的相关司法解释与本规定不一致的，以本规定为准。

【相关资料】

最高人民法院民三庭负责人就《最高人民法院关于审查知识产权纠纷行为保全案件适用法律若干问题的规定》答记者问

为正确审查知识产权纠纷行为保全案件，及时有效保护当事人的合法权益，2018 年 11 月 26 日最高人民法院审判委员会第 1755 次会议通过了《最高人民法院关于审查知识产权纠纷行为保全案件适用法律若干问题的规定》（以下简称《规定》），自 2019 年 1 月 1 日起施行。

问：《规定》第十六条对于“申请有错误”采用了客观归责，主要是出于什么考虑？

答：根据民事诉讼法第一百零五条规定，申请有错误的，申请人应当赔偿被申请人因保全所遭受的损失。正确适用该条规定，首先需要认定“申请有错误”。《规定》第十六条对“申请有错误”的认定采取了客观归责原则，不考虑申请人的主观过错。主要理由如下：

第一，国际公约对于知识产权执法中的临时措施也采取严格责任。根据 TRIPS 协议第 50 条规定：“如果临时措施被撤销，或如果因申请人的任何行为或疏忽而失效，或如果事后发现始终不存在对知识产权的侵犯或侵权威胁，则根据被告请求，司法当局应有权责令申请人就有关的临时措施给被告造成的任何损害向被告提供适当赔偿。”

第二，保全程序作为普通救济程序的补充，要求及时作出判断，本身具有一定的判断失误的风险，申请人作为保全措施的发动者和受益人，应当对因此而给被申请人造成的损失承担赔偿责任，让申请人承担严格责任有助于申请人在发动保全程序时慎重行事，减少由于滥诉而给他人造成的损害，亦符合通常理解的公平观念。司法实践中已经有生效裁判明确了申请人最终败诉是“申请有错误”的认定标准之一。

第三，从境外经验上看，临时禁令被认定错误的情形通常亦不以主观过错为要件。如请求保护的专利权被宣告无效；请求保护的专利权存在权属纠纷并被认定不属于原告所有；请求保护的专利权有效但被告的行为并不构成侵权，不考虑过错。

第四，行为保全与财产保全的性质有根本区别。行为保全实质上是生效裁判的提前强制执行，是申请人权利的提前救济，如果申请人的请求未得到生效裁判的支持，则意味着申请行为保全存在错误；而财产保全仅仅是履行生效裁判的保障。相对于财产保全，行为保全对被申请人利益影响重大，故行为保全申请有错误的认定应当采取客观归责原则。

问：权利人对于保护商业秘密方面的申请行为保全的要求比较迫切，请介绍一下情况？

答：刚才宋晓明庭长在介绍本规定时，讲到本规定制定的第二个原则就是分类施策，即区分知识产权的不同类型，妥善采取行为保全措施。本规定第六条关于“情况紧急”的认定、第八条关于“知识产权效力稳定”的审查判断、第十条关于“难以弥补的损害”的认定，均考虑了知识产权的类型或者属性。对于商业秘密来说，在2012年修订的民事诉讼法实施之前，法律没有赋予权利人申请责令停止侵害商业秘密的权利。但因为商业秘密的纠纷属于知识产权和不正当竞争领域，因此，是否适用诉前行为保全一直广受关注。此外，对于商业秘密侵权纠纷中的行为保全措施，更具有及时制止侵权行为、防止权利人损害的重要性。2012 年民事诉讼法施行以后，权利人可以借助行为保全措施有效及时保护其商业秘密。

这次新闻发布会，我们向大家提供的 5 个案例中第 3 个案例就涉及侵害商业秘密纠纷诉中行为保全案。该案中，上海市第一中级人民法院裁定禁止被申请人黄某某披露、使用或者允许他人使用其从礼来（中国）研发公司的服务器上下载的 21 个商业文件。这是 2012 年民事诉讼法实施后采取行为保全措施的首例商业秘密侵权纠纷案。此外，2014 年 1 月 8 日，上海市第一中级人民法院还针对诺华（中国）生物医学研究有限公司的申请，裁定被申请人贺某不得披露、使用或者允许他人使用诺华公司抗癌药品研发项目的 879 个保密文件。由此可见，2012 年民事诉讼法将行为保全扩大到包括商业秘密在内的所有民事领域，对于申请人及时救济权利、避免难以弥补的损害发挥了积极作用。

当然，与其他知识产权类型的案件相比，商业秘密保护范围的界定上更具有难度，因此，对于采取保全措施和认定也更具有挑战性。

问：《规定》与原有的《关于对诉前停止侵犯专利权行为适用法律问题的若干规定》和《关于诉前停止侵犯注册商标专用权行为和保全证据适用法律问题的解释》相比，有何发展和完善？

答：发展和完善主要体现在：

第一，明确规定采取行为保全措施前一般应当询问申请人和被申请人。两个诉前停止侵权司法解释和民事诉讼法对于采取行为保全措施没有要求必须询问当事人，也没有要求区分不同情况采取不同审查方式。从法条字面规定来看，两个诉前停止侵权司法解释总体上采取了先作出裁定再在复议中就有关方面进行审查、听取当事人意见的做法，这是出于迅速和保密的需要而对行为保全申请采取了事后审查方式。鉴于行为保全措施对双方当事人利益影响重大，《规定》第五条规定采取行为保全措施前一般要询问申请人、被申请人，即以询问为原则，以不询问为例外。

第二，明确规定审查行为保全的考量因素，更具操作性。主要体现在《规定》第七条至第十条，宋庭长已经作了简要介绍，不再重复。

第三，明确了申请行为保全有错误适用客观归责原则。根据《规定》第十六条规定，“申请有错误”包括下列情形：（一）申请人在采取行为保全措施后三十日内不依法提起诉讼或者申请仲裁；（二）行为保全措施因请求保护的知识产权被宣告无效等原因自始不当；（三）申请责令被申请人停止侵害知识产权或者不正当竞争，但生效裁判认定不构成侵权或者不正当竞争；（四）其他属于申请有错误的情形。概括起来，关于申请有错误的认定采取了客观归责原则，与普通民事侵权中适用的过错归责不同。两个诉前停止侵权司法解释对此没有规定。

第四，进一步明确规定行为保全案件的申请费应当按照《诉讼费用交纳办法》关于申请采取行为保全措施的规定交纳。两个诉前停止侵权司法解释规定，“申请人应当按照《人民法院诉讼收费办法》及其补充规定缴纳费用”。实践中，一般是按照财产保全案件收取申请费，但行为保全案件不涉及财产数额，因此收费很少，即便疑难复杂如“中国好声音”行为保全案，也只收取了30元案件受理费。《规定》第二十条规定，“申请人申请行为保全，应当依照《诉讼费用交纳办法》关于申请采取行为保全措施的规定交纳申请费。”《诉讼费用交纳办法》中关于行为保全措施的规定目前仅有海事强制令，因此，应当依照关于海事强制令的规定收取费用。如果将来修订增加了行为保全的一般规定，则依照修订后的规定交纳申请费。

问：请问自2012年民事诉讼法将行为保全扩展到所有民事领

域后，在知识产权与竞争纠纷领域除了责令停止侵权外，人民法院还采取了哪些类型的行为保全？

答：在2012年民诉法将行为保全扩展到所有民事领域之前，人民法院根据当事人的申请采取行为保全措施均是责令停止侵犯知识产权行为的措施，请求保护的对象限于专利权、商标权、著作权、集成电路布图设计和计算机软件。2012年修订的民事诉讼法施行后，知识产权权利人或者其他经营者很快就依据民诉法第一百条或者第一百零一条关于行为保全的新规定申请其他领域或者类型的行为保全措施。

如2012年底，广州医药集团有限公司申请责令广东加多宝饮料食品有限公司不得使用“王老吉改名为加多宝”及其它类似广告语，得到人民法院的支持；2013年，美国礼来公司申请责令其离职员工不得披露、使用或者允许他人使用从其处获取的21个商业秘密文件，得到人民法院的支持；2016年，浙江唐德影视股份有限公司申请责令上海灿星文化传播有限公司等停止将其知名服务的特有名称“中国好声音”等作为节目名称使用，得到人民法院的支持。上述行为保全均涉及不正当竞争领域。此外，在知识产权权属、许可合同等纠纷中人民法院也依当事人申请采取过行为保全措施。

可以看出，行为保全自从2012年扩展到所有民事领域后，在网络不正当竞争、信息网络传播权，还有知识产权合同纠纷、权属纠纷等领域均有行为保全申请提出，这也反映了行为保全这一便捷的救济措施对于有效保护知识产权、及时制止不正当竞争行为的重要性。

附　　录

地方性法规、地方政府规章目录

地方性法规

河北省人民代表大会常务委员会关于促进农作物秸秆综合利用和禁止露天焚烧的决定

（2018 年 7 月 27 日河北省人民代表大会常务委员会公布）

河北省人民代表大会常务委员会关于批准《承德市水源涵养功能区保护条例》的决定

（2018 年 7 月 27 日河北省人民代表大会常务委员会公布）

吉林省人民代表大会常务委员会关于批准吉林省 2017 年省本级决算的决议

（2018 年 7 月 27 日吉林省人民代表大会常务委员会公布）

吉林省人民代表大会常务委员会关于批准《长春市人大常委会关于废止和修改部分地方性法规的决定》的决定

（2018 年 7 月 27 日吉林省人民代表大会常务委员会公布）

吉林省人民代表大会常务委员会关于批准《吉林市城市房地产开发经营管理条例》的决定

（2018 年 7 月 27 日吉林省人民代表大会常务委员会公布）

吉林省人民代表大会常务委员会关于批准《吉林市地方立法条例》的决定

（2018 年 7 月 27 日吉林省人民代表大会常务委员会公布）

吉林省人民代表大会常务委员会关于批准《吉林市人大常委会关于废止两部地方性法规的决定》的决定

（2018 年 7 月 27 日吉林省人民代表大会常务委员会公布）

地方政府规章

河北省取水许可管理办法

（2018 年 7 月 21 日河北省人民政府公布）

福建省人民政府关于修改《福建省河道采砂管理办法》的决定

（2018 年 7 月 27 日福建省人民政府公布）

福建省人民政府关于废止《福建省海域采砂临时用海管理办法》的决定

（2018 年 8 月 2 日福建省人民政府公布）

福建省人民政府关于修改《福建省发展应用新型墙体材料管理办法》和《福建省实施〈实验动物管理条例〉的办法》的决定

（2018 年 8 月 3 日福建省人民政府公布）

山东省人民政府关于将部分省级行政权力事项调整由济南、青岛、烟台市实施的决定

（2018 年 8 月 6 日山东省人民政府公布）